SERMONES DE GR...

Sansón
el solitario

Dr. Kittim Silva

La misión de *Editorial Portavoz* consiste en proporcionar productos de calidad —con integridad y excelencia—, desde una perspectiva bíblica y confiable, que animen a las personas a conocer y servir a Jesucristo.

De la serie: *Sermones de grandes personajes bíblicos.*

Tomo 5: Sansón el solitario, © 2006 por Kittim Silva y publicado por Editorial Portavoz, filial de Kregel Publications, Grand Rapids, Michigan 49501. Todos los derechos reservados.

Ninguna parte de esta publicación podrá reproducirse de cualquier forma sin permiso escrito previo de los editores, con la excepción de citas breves en revistas o reseñas.

A menos que se indique lo contrario, todas las citas bíblicas han sido tomadas de la versión Reina-Valera 1960, © Sociedades Bíblicas Unidas. Todos los derechos reservados.

EDITORIAL PORTAVOZ
P.O. Box 2607
Grand Rapids, Michigan 49501 USA

Visítenos en: www.portavoz.com

ISBN 978-0-8254-1633-0

2 3 4 5 6 edición / año 15 14 13 12 11

Impreso en los Estados Unidos de América
Printed in the United States of America

Dedicado al reverendo Dr. Rubén Díaz,
un hombre con destino y propósito,
que sirviendo desde la plataforma del servicio
al prójimo y desde posiciones políticas, primero
como concejal y luego como senador estatal, es un
"profeta de justicia" en nuestra comunidad.
Un "gallito de pelea" social en Nueva York.

CONTENIDO

Prólogo. 7
1. El nacimiento de Sansón (Jue. 13:24). 11
2. La unción en Sansón (Jue. 13:25) 17
3. La debilidad de Sansón (Jue. 14:7) 21
4. El engaño a Sansón (Jue. 15:2) 27
5. La quijada de Sansón (Jue. 15:15) 33
6. El escape de Sansón (Jue. 16:3). 41
7. La trampa a Sansón (Jue. 16:4). 45
8. El juego de Sansón (Jue. 16:6). 49
9. La presión a Sansón (Jue. 16:16). 53
10. El descubrimiento de Sansón (Jue. 16:17). 57
11. La ruina de Sansón (Jue. 16:18) 63
12. El escape de Sansón (Jue. 16:20). 69
13. La derrota de Sansón (Jue. 16:21). .73
14. La restauración de Sansón (Jue. 16:22) 77
15. El juego con Sansón (Jue. 16:25). 81
16. El lazarillo de Sansón (Jue. 16:26) .85
17. La oración de Sansón (Jue. 16:28) .89

PRÓLOGO

Sansón se retrata en el relato bíblico como un hombre destinado a luchar contra los filisteos, un pueblo del mar que se había asentado en la costa del Mediterráneo o la costa oeste de Canaán para el año 1200 a.c. Los filisteos fueron una generación que siguió a la conquista de Canaán y que se destacaron en el uso del hierro. En la época de los libros de Jueces, Samuel y Reyes, los filisteos aparecen como archienemigos del pueblo hebreo. Tal parece que posteriormente en la historia de Israel, los filisteos se diluyen entre estos y así desaparecieron.

Diferente a otros jueces de Israel, que enfrentaron al enemigo liderando ejércitos, Sansón aparece *solo*, es una *figura solitaria*, es un *depredador* del enemigo. Los mismos filisteos lo describían como *"destruidor de nuestra tierra"* y como *"nuestro enemigo"* (Jue. 16:24). Vivió para destruir a los filisteos, aunque esto significó su propia destrucción.

Aquellos, escogidos con propósito y destino, que operan solos en la unción dada por el Espíritu Santo, tendrán victorias relámpagos, pero tendrán que enfrentar solos los conflictos y la oposición.

Sansón no aparece actuando en defensa tribal o nacional, sino personal. Pelea solo contra el enemigo por venganza. Una de sus expresiones finales: *"Oh Dios para que de un vez tome venganza de los filisteos por mis dos ojos"* (Jue. 16:28).

Su vida personal es un desastre moral. Tenía una pasión desordenada por mujeres filisteas, que lo metieron en graves aprietos y finalmente una, Dalila, la encarnación de la seducción y la traición, jugó con él hasta que los filisteos lo apresaron, le sacaron los ojos y lo denigraron haciéndolo trabajar forzosamente en un molino, símbolo de la humillación y del desprecio. Este héroe hebreo terminó sus últimos días como un prisionero condenado al trabajo forzado por los filisteos.

8 Sansón el solitario

Era uno que no escuchaba a sus padres y a partir de esa desobediencia, su vida personal fue un fracaso humano. La rebeldía siempre traerá funestas consecuencias. Nunca reconoció un orden de autoridad espiritual sobre él; por el contrario se veía así mismo como su propia autoridad con derecho a decidir y hacer a voluntad lo que le placiera.

Por otro lado, era un hombre ungido, un hombre poderoso y un hombre con destino, pero inmaduro emocional y espiritualmente; capaz de ganar muchas batallas peleando *solo*, pero incapaz de ganar sus propias batallas internas y personales. Tenía unción pero le faltaba visión espiritual, solo utilizaba la unción cuando se metía en problemas o estaba en peligro. Era el *fuerte-débil*, una especie de *Dr. Jekill y Mr. Hyde*. Sansón se retrata como una paradoja de contradicciones carnales y espirituales.

Sansón gobernó sobre su tribu de Dan veinte años, pero no aparece consultando a los ancianos o trabajando en equipo. ¡Era el hombre-equipo! Se destacó solo y brilló solo. En deportes con una "estrella" se gana un partido, pero con todo el "equipo" se gana una temporada.

Sin embargo, interesante es verlo en sus momentos finales dependiendo de un lazarillo, de un jovencito que le llevó a los pilares del templo de Dagón. Después de abrazar con sus manos las dos columnas principales, hizo una oración a Dios y Dios se la contestó. A pesar de todo, Sansón reconocía el poder de la oración. Y lo encontramos muchas veces orando y actuando.

Sansón, al igual que David, falló moralmente, pero amaban a Dios en lo muy profundo de sus corazones. Ambos aparecen con mención honorífica en el libro de los Hebreos 11:23. Saúl, por su parte, al igual que Salomón, fue excluido de los héroes de la fe.

Al preparar esta serie *Sansón el solitario*, lo he hecho tratando de descubrir lo que está escondido detrás de las acciones de Sansón (hebreo *Simson*, que se deriva del hebreo *semes* que significa *"sol"*) cuyo nombre significa *"pequeño sol"* o puede significar *"destrucción"*.

Espero que estos sermones predicados desde el púlpito de la IPJQ, donde por tres décadas he predicado el evangelio de Jesucristo, sean de bendición, aliento, motivación y enseñanza a todo aquel que los lea.

La elaboración de estos sermones me tomó sobre doscientas cincuenta horas de reflexión y meditación, las cuales invertí mayormente en horas entre la medianoche y la madrugada y tan solo empleé cuarenta minutos para exponer cada sermón. La tarea de la predicación exige tiempo y dedicación. Me produce profunda

Prólogo

satisfacción el saber que el tiempo invertido en estos sermones, es tiempo aprovechado y de bendición para otros.

Expreso mi gratitud a Carmen Torres, quien me ayudó a llevar a la computadora mis notas; y al reverendo José Luis Riverón, director editorial de la Editorial Portavoz, cuya orientación es siempre apreciada.

Reverendo Dr. Kittim Silva Bermúdez
Expositor internacional y autor

EL NACIMIENTO DE SANSÓN

"Y la mujer dio a luz un hijo, y le puso por nombre Sansón. Y el niño creció, y Jehová lo bendijo" (Jue. 13:24).

Introducción

La mujer de Manoa era estéril (13:2). Él era de la tribu de Dan (13:3). Ella tendría que prepararse para su embarazo no tomando vino ni sidra y no comiendo nada inmundo (13:6).

El niño nacido sería nazareo, nunca se le cortaría el cabello y mantendría la misma dieta de la madre (13:5). Ella le contó toda su experiencia con el ángel a Manoa (13:6-7).

Manoa oró a Dios y le pidió que el ángel volviera a aparecérsele (13:8). Dios lo oyó y el ángel volvió a aparecerse a ella sola (13:4). Ella fue y buscó a Manoa, él cual habló el ángel y le pidió instrucciones sobre cómo enviarlo, lo cual el ángel se las dio (13:10-14).

Manoa le insistió al ángel que comiera con ellos el cabrito. El ángel le animó mejor a presentar holocausto (13:15-16). Manoa no sabía que era *"el ángel de Jehová"*, y por eso le dejó saber que su nombre era *"admirable"* (13:17-18). Al Manoa hacer sacrificio con el cabrito, el ángel hizo milagros y en la llama del fuego del altar el ángel ascendió al cielo (13:19-20). Manoa reconoció con su mujer que era *"el ángel de Jehová"* y se atemorizó, pero ella lo animó (13:21-23).

Al nacer el niño le puso *"Sansón"*, que significa *"pequeño sol"* (13:24) y eso será el niño para ellos. La unción de Jehová se hizo manifiesta en él (13:25).

Sansón el solitario

I. El anuncio

"A esta mujer apareció el ángel de Jehová, y le dijo: He aquí que tú eres estéril, y nunca has tenido hijos; pero concebirás y darás a luz un hijo" (13:3).

La historia de Sansón se presenta con la triste noticia: *"Los hijos de Israel volvieron a hacer lo malo ante los ojos de Jehová, y Jehová los entregó en manos de los filisteos por cuarenta años"* (13:1).

La época de los jueces que siguió a la de la conquista por Josué, estuvo marcada por el pecado y la desobediencia de los hijos de Israel. En este caso *"los filisteos"* fueron su látigo de aflicción y opresión por cuarenta años. Al igual que en otros tiempos de opresión, Dios también les levantaría un libertador.

El pueblo de Dios, que por descuido, que por negligencia, que por pecado, es también oprimido, necesita de un ministerio de liberación, de algún libertador espiritual que los ayude con la oración, la ministración y con la aplicación de la Palabra en su proceso de restauración y liberación.

Zora de la tribu de Dan tenía a un hombre llamado Manoa, sin hijos y con una esposa estéril (13:2). En la cultura de esos días y aun siglos después, la esterilidad se veía como una maldición, una desgracia familiar, como alguien sin el favor de Dios.

En sentido espiritual, muchas congregaciones y ministerios estériles también dan señal de decadencia, de deterioro, de improductividad y de falta de continuidad. Hoy día tenemos muchos pastores sin pastorados y líderes sin funciones.

A esta mujer el *"ángel de Jehová"* la favoreció con el anuncio de la concepción (13:3). Ella tenía que abstenerse de vino, sidra y no podía comer ningún alimento prohibido en la ley mosaica (13:4). ¡Cuántas madres embarazadas no se abstienen del cigarrillo, drogas, alcohol y alimentos dañinos a la criatura que tienen en su útero! El cuidado y protección de un infante comienza nueve meses antes de que nazca.

Las congregaciones también deben abstenerse de todo lo que pueda perjudicar a esos bebes espirituales que en su seno están siendo engendrados.

A ese niño de la promesa no se le cortaría el pelo, sería nazareo (13:5). En Números 6:1-5 se enumeran los requisitos para el voto de nazareo que incluía no beber vino, sidra, vinagre de vino o sidra, licor de uvas, uvas frescas o secas, ni comería nada hecho de la vid, no se le cortaría el cabello, ni se acercaría a tocar a ninguna persona fallecida aunque fuera de su familia inmediata.

El nacimiento de Sansón 13

Con ese niño aún no nacido había un propósito y un destino señalado por Dios: *"y él comenzará a salvar a Israel de mano de los filisteos"* (13:5). Aún antes de nosotros haber nacido, de habernos convertido, ya Dios había hecho planes con nosotros para beneficio de otros.

La esposa de Manoa fue a él y le contó la aparición del *"ángel de Dios"*, a quien describió *"temible en gran manera"*. Ella no le preguntó de dónde venía ni quién era y él no le dio su nombre (13:6). Pero le dejo saber a su marido que el *"ángel de Jehová"* había separado como nazareo a ese niño hasta su muerte (13:7). Sería un voto perpetuo, toda su vida viviría con la dieta del nazareo, con el cabello largo y sin tocar a ser humano muerto. En cierto sentido las dietas y lo que Dios prohíbe se debe mantener para bien de uno mismo y bien para otros.

II. La confirmación

"Entonces oró Manoa a Jehová, y dijo: Ah, Señor mío, yo te ruego que aquel varón de Dios que enviaste, vuelva ahora a venir a nosotros, nos enseñe lo que hayamos de hacer con el niño que ha de nacer" (13:8).

Manoa le creyó a su esposa, confió en sus palabras, no dudó nada de lo que ella le declaró. La relación entre él y ella era madura, sincera, de diálogo personal y de aceptación recíproca. No cuestionó lo dicho por su esposa.

Manoa se fue a Dios en oración. Si esto era de Dios, Dios lo tenía que saber, y por lo tanto le daría órdenes a aquel *"ángel de Jehová"* para decirle a él y a ella qué Dios esperaba que hicieran con el niño ya nacido.

Padres pregunten a Dios que Él quiere que ustedes hagan con sus hijos. Oren a Dios para descubrir el propósito de Él en la vida de sus hijos. La oración de un padre y una madre por los hijos es beneficiosa a estos.

Dios oyó a Manoa, pero el ángel de Dios llegó al campo donde estaba su esposa, y ella entró a la casa y lo buscó a él (13:9-10) Ella invitó a su esposo para hacerlo participe de esta experiencia espiritual. ¡Padre y madre, juntos busquen a Dios! ¡Matrimonios compartan juntos las bendiciones de Dios!

Al llegar al ángel, Manoa le preguntó: *"¿Eres tú aquel varón que habló a la mujer?"* A lo que el ser llamado *"ángel de Jehová"*, que puede haber sido Cristo antes de su encarnación, le contestó: *"Yo soy"* (13:11).

Luego volvió a preguntarle: *"¿Cómo debe ser la manera de vivir del niño, y qué debemos hacer con él?"* (13:12). Manoa se preocupó por el alimento, cuidado y crianza del niño. Buscó educación prenatal. Él y su esposa se educan en lo que debían saber acerca del futuro bebé, del futuro niño, del futuro adolescente y del futuro adulto.

La mejor manera de aprender algo rápido y eficaz es preguntando. ¡Quién pregunta se hace sabio! El preguntar ahorra tiempo, el no preguntar desperdicia tiempo.

El *"ángel de Jehová"* le contestó repitiendo exactamente lo que le había dicho a la esposa de Manoa. El repetir a otros la misma información que se le ha dado a uno pude ser provechosa y ventajosa (13:14).

Notemos la frase: *"guardará todo lo que le mande"* (13:14). Aquí se habla de obediencia a Dios y a su Palabra. Cuando Dios le ordena algo a alguien, por alguien, para alguien, se debe cumplir.

III. El cumplimiento

"Y la mujer dio a luz un hijo, y le puso por nombre Sansón. Y el niño creció, y Jehová lo bendijo" (13:24).

Anteriormente Manoa quiso darle de comer *"un cabrito"* al *ángel de Jehová"* pero este rechazó esta invitación y animó a Manoa a presentarle holocausto a Dios. Manoa ignoraba que era el *"ángel de Jehová"* (13:15-16).

Luego Manoa quiso saber su nombre, y así, una vez nacido el niño, lo honraría. El ángel le cuestionó por su preguntaba y solo le dio como nombre *"admirable"* (13:17).

Al presentar Manoa el holocausto del cabrito con una ofrenda, el *"ángel de Jehová"* subió en la llama de fuego al cielo, y Manoa y su esposa hicieron reverencia (13:19-20). ¡Un milagro fue realizado delante de sus ojos! Los milagros deben verse como señales de Dios.

Aquel *"ángel de Jehová"* no se le presentó más a ellos, y ellos entendieron que merecían la muerte *"porque a Dios hemos visto"* (13:21-22). Pero su mujer le dejó ver que Dios tenía propósito con ellos y por eso aceptó lo que le ofrecieron y les dio su anuncio (13:23). Manoa reaccionó emocionalmente, pero su mujer reaccionó racionalmente. La fe es inteligente, no es ignorante.

Son muchos los creyentes que viven aterrados con Dios, confesando juicio divino sobre ellos mismos. Otros viven confesando el favor divino, la bendición divina y el propósito divino.

El nacimiento de Sansón   15

El niño nació, se llamó *"Sansón"* que significa *"pequeño sol"*. Este fue el nombre dado por el *"ángel de Jehová"*, *"creció y Jehová les bendijo"* (13:24). Sansón creció bajo la bendición de Dios. ¿Crecen nuestros hijos bajo la bendición de Dios? ¿Qué hacemos para que nuestros hijos sean bendecidos como niños, adolescentes, jóvenes y adultos?

La Dra. Margarita de Rivas me contó: "Cuando mis hijos William y Vladimir eran pequeños, yo acostumbrada ir a sus habitaciones cuando estaban dormidos. Allí ungía primero a William, mientras declaraba: 'William te unjo como evangelista para Dios'. Luego ungía a Vladimir y le profetizaba: 'Vladimir te unjo como pastor para Dios'. Hoy día ambos son ministros de Dios; uno es evangelista y el otro pastor. Lo que profetizaba sobre ellos se cumplió".

En algún momento aquel niño bendecido, ya hecho hombre, experimentó el Espíritu Santo manifestándose en su vida en diferentes lugares (13:25). ¡El destino de Sansón comenzaba a realizarse! ¡Dios estaba con él! ¡La presencia divina le acreditaba como su instrumento de liberación! ¡Él castigaría a los filisteos que castigaban a Israel!

Conclusión

(1) Aprender a abstenernos de algo que Dios ordena prepara el camino para algún propósito divino. (2) Orar y discernir la voluntad de Dios es importante para conocer su propósito. (3) Al cumplir nuestra parte Dios cumple la suya.

LA UNCIÓN EN SANSÓN

"Y el Espíritu de Jehová comenzó a manifestarse en él en los campamentos de Dan, entre Zora y Estaol" (Jue. 13:25).

Introducción

Sansón desde temprano en su vida supo lo que era la unción divina. Tuvo la bendición de tener el Espíritu Santo cuando era algo esporádico y transitorio. El Espíritu Santo apartó y escogió a Sansón para llenarlo de su gloria y de su poder.

I. La causa

"y el Espíritu de Jehová..." (13:25).

Todo en la vida extraordinaria de Sansón comenzó con la presencia del *"Espíritu de Jehová"*. La presencia de Dios en cualquier vida, en cualquier hombre que será usado por Dios, lo es el Espíritu Santo.

Más que *algo* el Espíritu Santo es *alguien*. ¡Es el Consolador! ¡Es el Ayudador! ¡Es el Revelador! ¡Es el Dador de poder! ¡Es el Maestro espiritual de la iglesia!

Creyentes dirigidos y guiados por el Espíritu Santo serán más productivos en la obra de Dios. Hombres y mujeres rendidos a la presencia de Dios serán captados en el propósito y plan de Dios.

El Espíritu Santo en la vida de la iglesia es una fuerza extraordinaria, es un poder extraordinario, es una capacidad extraordinaria... ¡Hace a la iglesia extraordinaria!

Más que músculos desarrollados por el levantamiento de objetos pesados o el resultado de ejercicios rigurosos combinados con una disciplina diaria de abnegaciones y acciones en la vida de Sansón, lo fue la *presencia de Dios* en él. ¡Esa presencia divina lo hizo el hombre más fuerte del mundo!

El voto de nazareo era un voto de santidad. Sansón, a pesar de ser débil, luchó dentro de sí mismo por vivir una vida de santidad personal; desde niño sus padres le enseñaron que él viviría apartado para Dios. ¡Era nazareo!

II. La manifestación

"...comenzó a manifestarse en él..." (13:25).

La palabra *"manifestarse"* significa *"dar a conocer algo"*, *"revelar algo"*, *"mostrarse algo"*. El Espíritu Santo utilizó a Sansón para revelarse y hacerse activo y presente en la vida de él.

Ese mismo Espíritu Santo, que ahora ha hecho de cada creyente su residencia permanente, tiene como propósito el manifestarse *en* y *mediante* nosotros.

Notemos la palabra *"comenzó"*. No fue Sansón quien comenzó, sino el Espíritu Santo, el Espíritu de Jehová, el que comenzó a revelarse en él.

El Espíritu Santo también busca comenzar algo *en* y *con* nosotros. Cualquier hombre o mujer, joven o señorita, líder o laico, que le de permiso en su vida al Espíritu Santo para trabajar por medio de él será un creyente que vivirá por encima de la mediocridad espiritual.

Dejemos al Espíritu Santo que comience usándonos. Hagámonos disponibles y accesibles a la presencia del Espíritu de Dios. El Espíritu Santo, que es el Espíritu de Cristo, está buscando a alguien dispuesto a ser su canal espiritual.

El espacio y tiempo del Espíritu Santo se manifiesta en las acciones de fe y en las actuaciones extraordinarias del creyente que lo deja operar libremente en su vida.

Sansón comenzó bien, lleno del Espíritu Santo, captado por la presencia de Dios, dirigido por la voluntad divina, confirmado en el Espíritu. Pero lamentablemente aquel hombre extraordinario, aquel ministro excepcional, aquella rara especie humana, que quizá vivió menos de cuarenta y cinco años de edad, tuvo muchos altibajos en la trayectoria de su vida.

Llegaría a ser un ungido que jugaría con la unción de Dios, un hombre gobernado por sus pasiones desordenadas, uno que violaría un voto de consagración perpetuo para con Dios. El hombre más fuerte que jamás haya visto el planeta tierra, pero

La unción en Sansón

a la vez débil en carácter y en decisiones. Un depredador de los filisteos que terminó preso de los mismos. Pero terminaría su vida como el ungido destinado por Dios.

III. El lugar
"...en los campamentos de Dan, entre Zora y Estaol" (13:25).

Sansón fue ubicado estratégicamente por Dios en el lugar correcto, el lugar apropiado, el lugar del destino, en el sitio específico donde se iniciaría su ministerio. Sansón fue plantado por Dios allí. Dice la Biblia: *"El justo florecerá como la palmera; crecerá como cedro en el Líbano"* (Sal. 92:12).

En aquellos campamentos encerrados en *"Zora y Estaol"*, su vecindario y el vecindario de los danitas, allí se movía Sansón. Probablemente eran campamentos de familias danitas, su gente.

Dios también nos ubica cerca de *"campamentos"* donde debemos ministrar, en esos *"campamentos"* el Espíritu Santo comenzará a usarnos. Estos pueden ser el hogar, la escuela, el trabajo, el vecindario... y pueden estar un poco más allá pero no muy lejos de donde estamos, están entre "aquí" y "allá".

Tenemos que iniciarnos donde están *"los campamentos"*, en la iglesia local, en el concilio al cual pertenecemos, en las confraternidades ministeriales, en la escuela dominical, en las reuniones de confraternidad local, en ministerio locales, en el Instituto Bíblico. ¿Dónde están tus *"campamentos"*? ¿Cuáles son tus *"campamentos"*?

De las actividades de Sansón en *"los campamentos"* no se sabe nada, no se dice nada, no se registra ningún acontecimiento. Solo sabemos que *"el Espíritu de Jehová comenzó a manifestarse en él en los campamentos de Dan..."* Allí entre los suyos se inauguró su ministerio, estos *"campamentos"* fueron su Antioquía, su Jerusalén.

El Señor Jesucristo le encargó al gadareno libertado: *"Vete a tu casa, a los tuyos, y cuéntales cuán grandes cosas el Señor ha hecho contigo"* (Mr. 5:19). El ministerio de predicar y alcanzar a la familia nuestra con el evangelio es un llamado prioritario.

El ministerio que el Señor Jesucristo nos da, debe comenzar en *"los campamentos"* de nuestra tribu. Antes de ministrar en la casa del vecino, debemos ministrar en casa entre *"los campamentos"* que nos rodean.

Deje que el Espíritu Santo le use en el lugar donde le ha puesto. Antes de ir a otro lugar, cumpla la misión ahí donde le ha puesto Dios. ¡Comience *cerca* antes de ir *lejos*!

En la obra del Señor Jesucristo hay trabajo para todos los que quieran trabajar, para todo aquel que quiera estar activo, haciendo siempre algo. ¡Trabaja donde estás!

Es triste ver como muchos creyentes han dejado perder las mejores oportunidades de trabajar por el Señor Jesucristo. Viven haciendo planes para un futuro que quizá nunca les llegará. Comience a ocuparse en el trabajo del Señor Jesucristo hoy mismo.

Un tiempo atrás me encontré con una creyente que había estado bajo mi pastorado, me dijo: "Pastor, ahora estoy en el ministerio". Hablamos un buen rato, y finalmente le dije: "Con nosotros estuviste en el ministerio y cuando más cerca estabas de hacer algo grande para Dios, desertaste y te distes a la fuga. Espero que esta vez termines lo que has comenzado".

Nunca emprenderás algo grande para Dios, si primero no comienzas haciendo las pequeñas cosas para Él. La enseñanza bíblica es: "En lo poco fuiste fiel, en lo mucho te pondrá el Señor".

Un pequeño encargo, una pequeña acción, un pequeño esfuerzo te llevará a emprender grandes cosas para Dios. Los trabajos para Dios comienzan pequeños.

Conclusión

(1) El Espíritu Santo fue el secreto de la fuerza en Sansón. (2) El Espíritu Santo, cuando se lo permitamos, manifestará su presencia en nosotros. (3) Para usted y para mí hay un lugar destinado por Dios para manifestarse en nosotros.

LA DEBILIDAD DE SANSÓN

"Descendió, pues, y habló a la mujer; y ella agradó a Sansón" (Jue. 14:7).

Introducción

En Jueces 14:1-20 se nos narra el primero de varios episodios donde se ven las debilidades y fortalezas de Sansón. Él se enamoró de una filistea de Timnat (14:1), se lo comunicó a sus padres (14:2-3) y a estos desagradó esta elección, pero finalmente descendieron con él para los arreglos matrimoniales (14:4-5). Mientras sus padres se le adelantaron, vino un león y lo mató con sus manos, pero guardó este secreto de sus progenitores (14:5-6).

Después de hablar con la filistea, a los días regresó y vio que en la osamenta del león las abejas tenían un panal de miel, tomó el panal y comió (14:8-9). Este secreto lo guardó de nuevo (14:9).

Con su padre vino a celebrar el banquete matrimonial y les presentó a treinta jóvenes el enigma que decía: *"Del devorador salió comida, y del fuerte dulzura"*. Ellos no pudieron explicárselo (14:10-14).

Los jóvenes no podían descifrarlo. Tenían solo siete días, sino pagarían *"treinta vestidos de lino y treinta vestidos de fiesta"* (14:12-13). Ellos presionaron a la filistea bajo amenazas de muerte para ella y su familia (14:15). La filistea presionó a Sansón y al séptimo día, este le reveló el secreto (14:16-17).

Ellos le dieron a Sansón la respuesta (14:18) lo cual lo enojó (14:18), y lleno del Espíritu de Jehová fue a Ascalón y mató a treinta filisteos, les quitó los vestidos y pagó su promesa a los jóvenes filisteos (14:19).

Sansón el solitario

El relato concluye diciendo: *"Y la mujer de Sansón fue dada a su compañero, al cual él había tratado como su amigo"* (14:20). Lo interesante es que en la debilidad de Sansón, ¡Dios se glorificó! (14:4).

I. El capricho

"...Y Sansón respondió a su padre: tómame esta por mujer, porque ella me agrada" (14:3).

En Timnat Sansón se enamoró de una mujer filistea, lo cual era prohibido en Israel. Él se lo declaró a sus padres (14:2). Desde el principio las mujeres fueron la debilidad del coloso de Dios. Por la pasión incontrolable y el apetito voraz que tenía por ellas, Sansón se metió en muchos aprietos.

Sansón respetaba mucho a sus padres y al sentirse atraído por la filistea de Timnat lo primero que hizo fue decírselo (14:2). Respetó una antigua costumbre oriental aún en nuestros días, que era y es tener el consenso de los padres en cuanto a una decisión matrimonial.

¿Por qué es importante consultar a los padres antes de tomar muchas decisiones? ¿En que áreas específicamente se debe buscar asesoría de la familia?

Refiriéndose a la filistea dijo Sansón a sus padres: *"Os ruego que me la toméis por mujer"* (14:2). Ya estaba predisponiendo a sus padres en la decisión que ya había hecho en el corazón. Así son muchos creyentes cuando consultan a alguna autoridad espiritual (padres, pastores, hermanos mayores, líderes), ya han decidido lo que quieren y cuándo lo quieren.

Sus padres no estuvieron de acuerdo con la petición de Sansón en Israel había mujeres de las cuales Sansón podía escoger una de ellas en vez de querer casarse con una *"de las filisteas incircuncisas"* (14:3). Los egipcios y cananitas en su mayoría eran pueblos semitas que practicaban la circuncisión, pero no los filisteos. Esta confrontación a Sansón fue con una interrogante. Hacer preguntas es más importante que imponer prohibiciones.

Sansón oyó pero no escuchó: *"Tómame ésta por mujer, porque ella me agrada"* (14:3). No dijo "porque la amo", sino *"porque ella me agrada"*. Muchas cosas que agradan a uno, desagradan a Dios. El atractivo físico, el querer aquella filistea, era para Sansón más importante que hacer yugo desigual. Era una pareja dispareja.

II. El secreto

"Y el Espíritu de Jehová vino sobre Sansón, quien despedazó al león como quien despedaza un cabrito, sin tener nada en su mano; y no declaró ni a su padre ni a su madre lo que había hecho" (14:6).

En esa debilidad de Sansón, en ese capricho humano, Dios establecería su propósito, leemos: *"Mas su padre y su madre no sabían que esto venía de Jehová, porque él buscaba ocasión contra los filisteos; pues en aquel tiempo los filisteos dominaban sobre Israel"* (14:6).

¿A quién se refiere la expresión?: *"él buscaba ocasión contra los filisteos"*. Se puede pensar que se refiere a Sansón o se refiere a Dios. Soy de los que cree que es una alusión a Sansón. De ser así Sansón necesitaba razón o causa para atacar al enemigo. Sin razón no debemos confrontar a nadie. Nuestras acciones deben ser avaladas por razones.

Con sus padres, Sansón se fue a concertar el matrimonio en Timnat (14:5). Parece que deja a sus padres adelantarse a él y en el camino enfrentó a un león joven al cual desgarró con sus manos (14:5-6). La razón de lo que allí hizo Sansón fue divino: *"Y el Espíritu de Jehová vino sobre Sansón..."* (14:6).

Él fue fortalecido por Dios mismo, su extraordinaria fuerza era espiritual y no humana. ¡Dios había ungido a Sansón! ¡Lo había llenado del Espíritu Santo!

Leemos: *"y no declaró ni a su padre ni a su madre lo que había hecho"* (14:6). Aquel que pidió consejos a sus padres, fue el que también guardaba secretos para ellos. Tarde o temprano muchos secretos saldrán a la luz. ¡Hijos confíen sus secretos a sus padres!

Sansón fue a Timnat y después de hablar con la filistea, se nos dice: *"Y ella agradó a Sansón"* (14:7). ¡Le siguió gustando! No había forma de sacar del corazón. Su pasión dominó sobre su razón.

A los pocos días regresó para casarse con ella. Ya el león era solo huesos y dentro tenía *"un enjambre de abejas, y un panal de miel"* (14:8). Sansón tomó aquel *"panal de miel"* y comió de él y compartió con sus padres; *"más no les descubrió que había tomado aquella miel del cuerpo del león"* (14:9).

De nuevo, les guardó otro secreto a sus padres, hacía cosas a espaldas de ellos. Entre él y sus padres no había una línea de confianza. Andaba con ellos, hablaba con ellos, pero no les confiaba a ellos muchas cosas íntimas.

De aquel león muerto sacó *"miel"*, y de los reveses de la vida, de las pruebas inoportunas, de los conflictos inesperados, de los peligros asaltantes... se puede sacar *"miel"*. Del recuerdo triste puede producirse dulzura.

Con su padre, Sansón obsequió un banquete en sus bodas como era costumbre (14:10) y los jóvenes escogieron a treinta para estar con Sansón (14:11). Allí les propuso un enigma que tenía que ser descifrado antes de terminar *"los siete días del banquete"*. El premio sería *"treinta vestidos de lino y treinta vestidos de fiesta"* (14:12). De ellos perder, le darían a él la misma cantidad (14:13).

El enigma era: *"Del devorador salió comida, y del fuerte salió dulzura"* (14:14). Al pasar los tres primeros días, los jóvenes filisteos no pudieron descífralo (14:14). En el sábado o *"séptimo día"* que siguió a los tres días anteriores (14:15), ellos decidieron chantajear a la mujer de Sansón con amenazas de muerte para ella y su familia (14:15).

Ella presionó a Sansón con las palabras *"me aborreces, y no me amas"* (14:16). La demostración de aquel amor ficticio sería que Sansón revelara su corazón. El día final del banquete, Sansón perdió la fuerza de su voluntad ante la filistea que le agradaba, *"porque lo presionaba"* (14:17).

Sansón no aguantaba presiones de las mujeres. Lo que no podía hacer contra él un ejército de filisteos, lo lograba una mujer presionándolo. Ante aquella mujer le faltó carácter. Le reveló su secreto, y ella se lo dijo a los filisteos (14:17).

El día final del banquete, los filisteos sorprendieron a Sansón: *"¿Qué cosa más dulce que la miel? ¿Y que cosa más fuete que el león?"* (14:18). Allí supo Sansón que habían utilizado para descubrir su secreto a su mujer, a quien se refirió al decir: *"si no araseis con mi novilla, nunca hubierais descubierto mi enigma"* (14:18).

Sansón guardaba secretos de sus padres, pero no a sus amantes. Las mujeres fueron su mayor debilidad. ¿Cuál o cuáles son nuestras debilidades? ¿Hasta cuándo podemos guardar un secreto? ¿Cómo nos dejamos presionar para no divulgar algún secreto? ¿Qué tácticas son empleadas por los que quieren descubrir secretos?

Una anécdota dice más o menos así: "Tres amigos en el ministerio se dan una cita para ayudarse en sus debilidades morales. El primero declaró ante los otros dos: 'Mi debilidad son las mujeres'. El segundo añadió: 'Mi problema es con la colecta de ofrendas, me siento tentado a meter la mano y tomo de la misma'. El tercero, algo inquieto, por fin declaró: 'Mis amigos, mi gran problema es que cuando escucho un buen chisme, tengo la tentación de salir corriendo y contárselo a otros. Es algo que no puedo contener'. Y se levantó y salió inmediatamente".

La debilidad de Sansón

"Y ella lloró en presencia de él los siete días que ellos tuvieron banquete" (14:17). Aquella mujer era una manipuladora sentimental. Supo doblegar la voluntad de Sansón con sus lágrimas.

Líderes aprendan a aguantar presiones. No divulguen algo que les pueda hacer daño, simplemente porque son presionados. ¡Cuídense de estar impresionando o haciendo alardes de lo que Dios ha hecho con ustedes! Sansón en vez de testificar acerca de Dios, de darle gracias a Dios, se puso a jugar con el milagro del león.

Hombres y mujeres de Dios, las prácticas del mundo no deben ser adoptadas por nosotros. Sansón se puso a apostar y así le abrió la puerta al enemigo. ¡Cuidado con las ganancias deshonestas!

Las declaraciones: *"y Sansón hizo allí banquete"* (14:10), implica y sugiere que en el mismo se tomaba vino, el cual con sus derivados de la uva le estaba sancionado a Sansón en el voto de nazareo. En esta fiesta Sansón estaba jugando con candela, le estaba metiendo la mano en la boca al león.

III. El poder

"Y el Espíritu de Jehová vino sobre él, y descendió a Ascalón y mató a treinta hombres de ellos; y tomando sus despojos, dio las mudas de vestidos a los que habían explicado el enigma; y encendido en enojo se volvió a la casa de su padre" (14:19).

Ungido por el Espíritu Santo, Sansón se llegó a Ascalón, ciudad filistea, y mató a treinta filisteos para pagar su apuesta, quitándoles sus vestidos y dándolos a los ganadores fraudulentos de la apuesta. Por lo menos Sansón era hombre de palabra, creyente de honor, uno que cumplía con lo prometido.

Leemos: *"Y encendido en enojo se volvió a la casa de su padre"*. Sansón era de temperamento colérico. Fácilmente se enojaba y se volvía agresivo. Aquel engaño del cual fue víctima, lo encendió en enojo, lo puso de mal humor y lleno de ira dejó a su mujer y se fue con el padre de él.

Hombres y mujeres de Dios manejen con sabiduría el sentimiento del enojo, no actúen ante las crisis o situaciones difíciles de forma precipitada. No abandonen sus responsabilidades porque algo o alguien les ha enojado.

Casadas no abandonen, no se separen ni se distancien de sus parejas a causa de algún enojo experimentado. Del problema no se huye, sino que se enfrenta. Sansón fue un fugitivo de los problemas. No es que vengan los problemas, sino qué haremos con los problemas.

Lo peor para Sansón fue: *"Y la mujer de Sansón fue dada a su compañero, al cual él había tratado como su amigo"* (14:20). Su supuesto amigo se quedó con su mujer. Sansón fue sincero en su amistad, pero el otro fue oportunista de esa amistad. Hay amigos que no lo son, solo buscan conseguir lo que otros tienen y lo que pueden ofrecer.

Conclusión

(1) Muchas cosas que agradan a uno, desagradan a Dios. (2) Dios puede tomar lo que hacemos al revés para hacer algo derecho. (3) No seamos fugitivos de los problemas. Esperemos que algunos llamados amigos nos traicionen.

EL ENGAÑO A SANSÓN

"Y dijo el padre de ella: Me persuadí de que la aborrecías, y la di a tu compañero. Mas su hermana menor, ¿no es más hermosa que ella? Tómala, pues, en su lugar" (Jue. 15:2).

Introducción

El capítulo 14 y versículo 20 de Jueces termina con la triste noticia de que el paje o padrino de honor en la boda de Sansón con la filistea de Timnat, su supuesto mejor amigo, se quedó con su mujer.

En Jueces 15:1-8, Sansón se le presentó a su mujer con un cabrito buscando la reconciliación, pero el suegro se lo impidió (15:1). Según aquel ya Sansón no la amaba y se la dio a su amigo, pero lo invitó a casarse con la menor (15:2).

Esto enojó a Sansón (15:3) y atando por las colas a trescientas zorras en parejas, le puso teas a cada pareja y quemaron toda la siembra y cosecha (15:4-5).

Al enterarse los filisteos de lo que Sansón hizo, quemaron a su mujer y a su suegro (15:6). Encolerizado le infligió muchas bajas a los filisteos y habitó en una cueva en Etam (15:7-8).

I. El intento

"Aconteció después de algún tiempo, que en los días de la siega del trigo Sansón visitó a su mujer con un cabrito, diciendo: Entraré a mi mujer en el aposento. Mas el padre de ella no lo dejó entrar" (15:1).

Se habla de *"algún tiempo"*, indicándose que entre Jueces 14:20 y 15:1, ya se había cumplido un lapso de tiempo. En 14:19 leemos: "...

Sansón el solitario

y encendido en enojo se volvió a la casa de su padre". El enojo hizo que Sansón abandonara su hogar, su matrimonio, y se refugiara en la casa de su padre. Fue un hombre casado, ungido y lleno de poder de Dios, que no sabía lidiar con sus problemas matrimoniales.

Muchos cuando se le levantan crisis en el matrimonio, lo cual es común en parejas normales, en vez de analizar las mismas y juntos buscar soluciones, salen huyendo para refugiarse en la casa del padre o de la madre.

En la época de *"los días de la siega del trigo Sansón visito a su mujer con un cabrito"*. Se le presentó a ella en actitud reconciliadora, vino a compartir *"un cabrito"* con ella. Con una cena, con un beso, con un abrazo, con un toque de manos, con una mirada de arrepentimiento, se puede conquistar el perdón.

Los israelitas nunca llegaban al templo de Dios con las manos vacías, buscaban traer un sacrificio para el perdón y la reconciliación. Jesús fue sumo sacerdote y ofrenda presentada al Padre celestial para nuestra reconciliación, perdón y aceptación.

El llegar ante Dios con una ofrenda representa nuestro desprendimiento ante Él de las cosas materiales y del egoísmo. Con la ofrenda le expresamos nuestro agradecimiento a Dios y nuestra entrega de todo.

Sansón tomó esta determinación: *"Entraré a mi mujer en el aposento"*. Él se alejó de ella, a él le tocaba acercarse a ella. Sansón quería intimidad con ella. El alma abatida que se ha alejado de la presencia de Dios, debe buscar la manera de entrar en el aposento de su presencia.

II. La prohibición

"...mas el padre de ella no lo dejó entrar" (15:2).

Siempre habrá alguien que sea un obstáculo a todo lo que nos convenga que sea de provecho a otros, que nos ayude en nuestra relación con los que estamos distanciados, entristecidos, enojados y peleados.

El enemigo de nuestra alma no nos quiere ver en la presencia de Dios. Hará todo lo posible por cerrarnos la puerta, por no dejarnos entrar. Él nos quiere lejos de las bendiciones.

¡Cuántos familiares son como el suegro de Sansón! ¡Son un estorbo a la paz y a la reconciliación! En vez de mediar en lo que está separado, lo separan más. El suegro de Sansón no lo quería. No supo apreciar que Sansón fue un don de Dios desde que nació. Muchos familiares no valoran los dones de Dios en sus seres

El engaño a Sansón

queridos. Se han acostumbrado tanto a ellos, que no disciernen la unción o dones de Dios en sus vidas.

Escuchemos la excusa del suegro de Sansón para no dejarlo entrar al aposento de su mujer: *"me persuadí de que la aborrecías, y la di a tu compañero..."* (15:2). Él llegó a la conclusión, basado en sus propias percepciones, de que Sansón aborrecía a su hija y que ya no la amaba. Muchos suegros o suegras piensan por su hijo o su hija, y ellos mismos son la causa de divorcio.

El enemigo vive decodificando los propósitos de Dios para los creyentes. Su trabajo es interpretar a su manera el amor de Dios, diciendo que Dios ya no nos ama, que nos aborrece, que nos rechaza. Su trabajo especializado es sembrar en el corazón del creyente dudas de que en la iglesia no lo quieren, que quieren a otros, pero no a él o ella.

Leemos: *"y la di a tu compañero"*. El suegro de Sansón dio lo que ya no era de él. Muchos dan lo que no es de ellos. El enemigo anda buscando como quitarnos las cosas, despojarnos de lo que es nuestro. Es un "atracador" y "asaltante" de nuestra fe.

Ese *"compañero"* de Sansón (14:20, cp. 15:2) era al parecer su amigo, pero le envidiaba la esposa. El amigo que le envidia algo a su amigo, ya no es su amigo. Aquella compañía llevó al fracasó la relación que tenía Sansón con su esposa.

El *"mundo"* es como el *"compañero"* de Sansón, busca separarnos de aquellas cosas que apreciamos y amamos (Stg. 4:4). ¡La compañía con el "mundo" no nos conviene!

Finalmente el suegro de Sansón le dijo: *"Mas su hermana menor, ¿no es más hermosa que ella? Tómala, pues, en su lugar"* (15:2). Labán, en lugar de Raquel que era la menor, después de Jacob trabajar siete años, le dio "la mayor" (Gn. 29:20-26) y Jacob trabajo otros siete años por "la menor que era Raquel (Gn. 29:27-30)

En el caso de Jacob, *"Raquel era de lindo semblante y de hermoso parecer"* (Gn. 29:17). En el caso de Sansón su joven cuñada era *"más hermosa"*. Con la fea o la linda, el diablo busca sustituirnos la bendición de Dios. El pecado feo o lindo, atractivo o no atractivo, busca desviarnos de lo que nos corresponde.

III. El enojo

"Entonces le dijo Sansón: Sin culpa seré esta vez respecto de los filisteos, si mal les hiciere" (15:3).

Sansón funcionaba bajo presiones. Cuando se enojaba cumplía con el ministerio. Al verse burlado por su amigo, abandonado por su mujer y echado fuera por él suegro, "el depredador" de Dios estaba listo para transformarse de paloma en falcón, de canario en águila, de gatito en león.

Muchos líderes son como Sansón. Las pruebas, los conflictos, la infidelidad, el engaño, el maltrato, las críticas, la persecución, el rechazo les activa la adrenalina espiritual y en una hora hacen lo que no hicieron en una semana ni en un mes.

Cuando Sansón se enojaba, a los filisteos les iba mal. Él siempre se enojó contra el enemigo, no contra su propia gente. ¡Enójese con quien tiene que enojarse y no se enoje con quien no tiene que enojarse! En las congregaciones muchos se enojan con los hermanos en la fe, pero no se enojan con el enemigo.

A un "jefe" inconverso le aceptan humillaciones, maltratos, maltratos emocionales, malas palabras, pero si el pastor o algún líder de la congregación les exhorta, les corrige, les llama la atención o les dice algo que no les gusta, se enojan, se rebelan y hasta se ausentan o se van como fugitivos de la congregación. ¡Dios tenga misericordia de los que no pueden sufrir por causa de Jesucristo! Y que le den siempre gracias a Dios porque son creyentes en uno de los mejores tiempos para la iglesia.

Poniendo trescientas zorras en parejas y unidas por las colas, les colocó a las mismas teas encendidas y las soltó en los campos con las mieses en montones, en viñas y olivares (15:4-5) y el resultado fue desastroso. Esa cosecha se echó toda a perder.

Sansón le dio fuego al campo del enemigo. El evangelio de Jesucristo es como aquellas teas ardiendo en fuego, se tiene que llevar por todos los medios posibles y prenderle fuego a todo. A este mundo lleno de maldicientes, blasfemos, idólatras, fornicarios, incrédulos, gente mala... se le tiene que soltar zorras con teas de fuego, se le tiene que prender fuego por las cuatro esquinas.

¡Predicadores quemen con la Palabra de Dios! ¡Estremezcan con el fuego del Espíritu Santo! ¡Hagan que el mensaje divino corra en todas las direcciones! ¡Vayan al mundo entero a prender fuego espiritual!

Un hombre o una mujer lleno de Dios le puede infligir mucho daño al mundo espiritual de *"los filisteos"*. ¡Quémenle sus *"mieses amontadas y en pie"*! Dios puede hacer con una persona lo que no haría con muchas personas. ¡Atrévete a ser esa persona! Un amigo mío, el reverendo Gabriel Castro Martínez en una dedicatoria de su libro me escribió estas palabras: "Solo con hombres de Dios como tú, se logran los grandes proyectos de Dios". Yo te regalo a ti las mismas palabras. Las misiones todavía están esperando a ese hombre o mujer de Dios que se atreva a revolucionar al mismo.

El engaño a Sansón

Los filisteos se enteraron y preguntaron: *"¿Quién hizo esto?"* (15:6). El mundo se interesa en saber por qué las cosas le ocurren, buscan siempre a quien acusar y encuentran culpables.

La respuesta fue: *"Sansón, el yerno del timnateo, porque le quitó su mujer y la dio a su compañero..."* (15:6). Aun el mundo sabía lo que le hicieron a Sansón. A él le quitó el suegro su mujer, a muchos siervos de Dios le quitan la posición, los beneficios, las cosas, las oportunidades... pero jamás les podrán quitar la unción y la gracia.

Leemos: *"y vinieron los filisteos y la quemaron a ella y a su padre"* (15:6). En un solo día Sansón se quedó sin suegro y viudo. Manos criminales les arrebataron la vida a dos personas significativas para Sansón. Los accidentes, los asesinatos, los incendios pueden apagar la felicidad en cualquiera momento. En un solo día todos los planes humanos que hemos hecho, se pueden disolver. Todo puede terminar.

La familia de los ungidos tiene que orar mucho, vivir bajo la cobertura del pacto espiritual, el enemigo de las almas los tiene en su mirilla y busca su destrucción total. Sobre cada creyente, joven o adulto, hombre o mujer, ungido por Dios para la misión, hay un plan de destrucción espiritual. No los dejemos solos, oremos por ellos, intercedamos por ellos, busquemos su protección espiritual.

Una vez más el temperamento *colérico-sanguíneo* en Sansón hizo ebullición. Su volcán emocional despertó en erupción, explotó en coraje. Leemos: *"Entonces Sansón les dijo: ya que así habéis hecho, juro que me vengare de vosotros, y después desistiré"* (15:7). Ante la agresión, él reaccionaba con agresión. Sansón comenzó campañas contra los filisteos, que luego continuaría el rey Saúl y el rey David. Para la época del rey Salomón ya los filisteos no eran una amenaza a la seguridad nacional.

El respeto se gana y se impone. Sansón tenía que darse a respetar. Defender a su familia era asunto de honor. Las situaciones adversas y hasta contradictorias que Sansón enfrentó en su vida, sin darse cuenta lo aproximaba a la misión para la cual había sido destinado.

Leemos: *"Y los hirió cadera y muslo con gran mortandad; y descendió y habitó en la cueva de la peña de Etam"* (15:8). Esta expresión *"gran mortandad"* puede significar *"con muchos muertos"*, *"con muertos que no se podían contar"*.

La *Nueva Biblia Española* dice: *"Y les sacudió una paliza. Luego se fue a vivir en la cueva de Penalbuitre"*. ¿Un *águila* como Sansón en la cueva del *"buitre"*? Los lugares nunca cambiarán nuestra naturaleza cuando sabemos quiénes somos.

Conclusión
(1) Buscar la reconciliación ante una separación puede ser beneficioso, pero puede traer sorpresas. (2) El engaño le puede ocurrir a cualquiera. (3) Para ser respetados debemos respetar, para ser apreciados debemos apreciar.

LA QUIJADA DE SANSÓN

"Y hallando una quijada de asno fresca aún, extendió la mano y la tomó, y mató con ella a mil hombres" (Jue. 15:15).

Introducción

Los filisteos movilizaron un ejército de unos mil hombres al territorio de Judá, donde Sansón había ido a refugiarse en Lehi (15:9). Los hombres de Judá al preguntar a los filisteos el porque de su presencia, fueron informados que Sansón era el responsable (15:10). Los de Judá convencieron a Sansón para que se dejara amarrar con cuerdas nuevas y así ser tomado prisionero por los filisteos (15:11-13).

En Lehi, mientras los filisteos gritaban, la unción vino sobre Sansón, rompió las sogas y con una quijada fresca de asno mato a mil filisteos (15:14-15). Allí compuso un coro sobre su hazaña (15:16) y le llamó a aquel lugar *"Ramat-lehi"* (15:17). Luego necesitado de agua oró a Jehová y de *"la cuenca de Lehi"* Dios le dio agua y le puso como nombre *"En-hacore"* (15:19). El relato termina diciendo que él gobernó *"veinte años"* (15:20).

I. El refugio

"Entonces los filisteos subieron y acamparon en Judá, y se extendieron por Lehi" (15:9).

Sansón se fue al territorio de Judá, zona montañosa y desértica con abundancia de cuervos (y todavía los cuervos abundan allí, son de color negro y marrón) y con muchos lugares de refugio, para su propia protección. ¡Buscó la soledad y el retiro! ¡Hombres y mujeres de Dios, de tiempo en tiempo retírense a solas con

Dios! ¡Busquen un sitio donde renovarse en el espíritu! No se dejen abatir, deprimir, quemarse y aburrirse por las presiones del ministerio y del trabajo en el Señor Jesucristo.

Muchas veces tendremos que cruzar la frontera de nuestro territorio e ir a otro territorio vecino. Allí también Dios puede tener un plan diseñado para nosotros. ¡Un danita en territorio de Judá!

Los filisteos hicieron incursión en territorio de Judá, donde según ellos Sansón estaba refugiado. Su misión era buscarlo vivo o muerto. El látigo de los filisteos tenía que ser encontrado. El enemigo no descansa, mueve sus soldados en el mundo espiritual con la misión de apresarnos o hacernos caer.

La presencia de los filisteos en el territorio de Judá alarmó y preocupó a los hombres de allí quienes preguntaron: *"¿Por qué habéis subido contra nosotros?"* (15:10). Cuando las cosas se vean extrañas debemos preguntarnos ¿qué está pasando? Hágale preguntas a quién se las pueda contestar.

La respuesta filistea fue contundente: *"A prender a Sansón hemos subido, para hacerle como él nos ha hecho"* (15:9). El enemigo no se quiere quedar dado. Cada vez que ganamos un alma para Jesucristo, echamos fuera algún demonio en el nombre de Jesucristo, oramos en el nombre de Jesucristo y alguien es sanado o hacemos algo a favor del reino que exalta a Jesucristo, el enemigo busca como subir contra nosotros.

"Judá" significa "alabanza" y el enemigo trata de sacarnos, de alejarnos de apagarnos en el territorio de la alabanza. Ni aun en la alabanza estamos seguros de ser buscados por *"los filisteos"* espirituales.

II. La traición

"Y ellos le respondieron, diciendo: No; solamente te prenderemos, y te entregaremos en sus manos; mas no te mataremos. Entonces le ataron con dos cuerdas nuevas, y le hicieron venir de la peña" (15:13).

Tres mil hombres de Judá fueron *"a la cueva de la peña de Etam"* (15:11). Un ejército completo se fue a reunir con Sansón. Más que diplomacia era intimidación. Muchos quieren impresionar con números. Se vive obsesionado por los números. Recuerdo a un pastor que al visitarlo en su congregación me dijo: "Hoy tenemos aquí unas cuatrocientas personas". Mientras estaba en el altar sentado, al contar las hileras de las sillas al frente y multiplicarlos

La quijada de Sansón 35

por las filas, me dio la suma de 244 asientos, y ese día había muchas sillas vacías.

En un país de América del Sur tuvimos una concentración, el organizador nos dijo que esa noche la asistencia era de ocho mil personas (yo calculé como máximo dos mil personas). Según él, el coliseo tenía una capacidad de veinte mil personas. A un ingeniero natural de dicho país le pedí que me ratificara esa información. Él me informó que: "En este estadio solo se tiene capacidad para unas cinco mil personas" (lo cual confirmé con la documentación que él me dio).

Dos preguntas hicieron los de Judá a Sansón: "*¿No sabes tú que los filisteos dominan sobre nosotros? ¿Por qué nos has hecho esto?*" (15:11). Estaban dominados por "*los filisteos*" y no buscaban ser libres. Muchos identifican sus ataduras, sus debilidades, sus problemas espirituales... pero no quieren ser libres, y cuando tiene la oportunidad no la aprovechan.

En vez de los hombres de Judá estar agradecidos y buscar que Sansón los ayudara a enfrentar "*a los filisteos*", eran tres mil contra mil, enojados les preguntaron: "*¿Por qué nos has hecho esto?*" (15:11). Estos son los malagradecidos de este mundo. Los que en lo bueno ven lo malo, que en favores ven desfavores, que en la ayuda ven desayudas.

Así fue tratado nuestro Señor Jesucristo: "*A lo suyo vino y los suyos no le recibieron*" (Jn. 1:11). "*Y Pilato dijo a los principales sacerdotes, y a la gente: Ningún delito hallo en este hombre*" (Lc. 23:4). "*Jesús le respondió: Si he hablado mal, testifica en qué está el mal; y si bien, ¿por qué me golpeas?*" (Jn. 18:23).

Muchos siervos y siervas de Dios se sentirán como Sansón, cuando muchos no puedan o no quieran entender porque actuaron o hicieron lo que hicieron, y aunque sepan que Dios los usó, como quiera los acusan y culpan.

La respuesta de Sansón fue: "*Yo les he hecho como ellos me hicieron*" (15:11). O sea, él reaccionó a las acciones de ellos. No siempre debemos reaccionar a las acciones de otros. Pero en ocasiones si debemos hacerlo. En el caso de Sansón había un propósito divino. Pero los que viven bajo la gracia, tratan a otros mejor de cómo ellos han sido tratados, perdonan cuando han sido ofendidos. El perdonar es algo que nos beneficia más a nosotros como seres humanos.

Leemos: "*Ellos entonces le dijeron: Nosotros hemos venido para prenderte y entregarte en mano de los filisteos. Y Sansón les respondió: Juradme que vosotros no me mataréis*" (15:12).

Ellos declararon su misión. Allí estaban para ser los que apresaran a Sansón. Sus hermanos tribales le estaban fallando, como Judas que entregó al Señor Jesucristo (Mt. 26:47-50), y los hermanos de José el soñador que lo vendieron como esclavo (Gn. 37:26-28).

La traición en la daga que mata por la espalda. ¡Los que hemos sido traicionados tantas veces, sabemos que se siente con la traición! Hasta nos llegamos a acostumbrar a la traición; y a todo el mundo miramos con reservas porque allí puede haber un traidor en potencia.

Leemos en Mateo 26:21-22 lo siguiente: *"Y mientras comían, dijo: De cierto os digo, que uno de vosotros me va a entregar. Y entristecido en gran manera, comenzó cada una de ellos a decirle: ¿Soy yo, Señor?"*

Sansón les pidió que ellos no lo mataran (15:12). Y ellos se lo prometieron (15:13). Leemos: *"Entonces le ataron con dos cuerdas nuevas, y le hicieron venir de la peña"* (15:13).

Observe la expresión: *"le ataron con dos cuerdas nuevas"*. *"Nuevas"*, no eran fáciles de romper. En lo espiritual hay *"cuerdas nuevas"* que pueden atar a los siervos de Dios. ¡Cuidado con las *"cuerdas nuevas"*! Las nuevas modalidades, las nuevas doctrinas, las nuevas interpretaciones, las nuevas formas, los nuevos estilos... pueden ser cuerdas nuevas para atar los que son fuertes en Dios.

Más triste es aún que los que están llamados a ser pueblo de Dios atan con *"cuerdas nuevas"* a los que Dios quiere usar con su Espíritu Santo.

III. La liberación

"Y así que vino hasta Lehi, los filisteos salieron gritando a su encuentro; pero el Espíritu de Jehová vino sobre él, y las cuerdas que estaban en sus brazos se volvieron como lino quemado con fuego, y las ataduras se cayeron de sus manos" (15:14).

En Getsemaní, Jesús dijo al momento del arresto: *"¿Cómo contra un ladrón habéis salido contra espadas y con palos para prenderme?"* (Mt. 26:55).

Sin embargo, *"los filisteos"* se olvidaron o no sabían que Sansón poseía un arma frente a sus enemigos enfrentando a mil contra uno. La unción de Dios, para la cual él había sido destinado antes de nacer y fue criado para esa unción, se manifestó y aquellas *"dos cuerdas nuevas"* se volvieron *"como lino quemado con fuego"*. ¡La unción quema ataduras! Se nos declara: *"y las ataduras se cayeron*

La quijada de Sansón   37

de sus manos" (15:14). No se las quitó, la unción se las quitó a él. Muchos buscan la unción para caer en descanso espiritual, pero no buscan la unción para trabajar para el Señor.

Sansón vio *"una quijada de asno fresca aún, extendió la mano y la tomó, y mató con ella a mil hombres"* (15:15). Dios hizo de aquella *"quijada de asno fresca"* un arma de guerra espiritual. Pudo haber sido una quijada de león, pero eso hubiera traído cierta gloria al enemigo vencido. Pero una *"quijada de asno"* les trajo más vergüenza y humillación.

Dijo Pablo: *"...y lo débil de Dios es más fuerte que los hombres"* (1 Co. 1:25), *"...y lo débil del mundo escogió Dios, para avergonzar a lo fuerte"* (1 Co. 1:27).

Si Dios tiene que mantener *"fresca aún"* alguna *"quijada de asno"*, Él se encargará de preservarla. Una quijada seca era más fácil de romperse. La Palabra de Dios se mantiene *"fresca aún"*, la doctrina de los apóstoles se mantiene *"fresca aún"*; las herramientas espirituales se mantienen *"fresca aún"*. No dejes secar la *"quijada de asno"*.

Allí mismo, con la unción todavía sobre él, después de matar mil filisteos, Sansón compuso y cantó una alabanza: *"Con la quijada de un asno, un montón, dos montones; con la quijada de un asno maté a mil hombres"* (15:16). Canta en presencia de Dios tus victorias. Alábalo siempre por lo que ha hecho a través de ti. Aquel coro titulado *"Con la quijada de un asno"* fue sancionado y prohibido en todo el territorio filisteo.

IV. La oración

"Y teniendo gran sed, clamó luego a Jehová, y dijo: Tú has dado esta grande salvación por mano de tu siervo; ¿y moriré yo ahora de sed, y caeré en mano de los incircuncisos?" (15:18).

Aquella cruenta batalla deja al ungido jadeando por agua. Estaba sediento. La mayoría de los predicadores no le presta atención a la práctica de la oración que mantenía Sansón.

Aquí nos encontramos con un ungido que ora. Ahí estaba el secreto de muchos de los milagros en la vida de Sansón. Aunque se posean dones se debe orar. Los dones de Dios son irrevocables declara Pablo, pero eso no debe tomarse para no orar o buscar de Dios.

La oración de Sansón fue: *"Tú has dado esta grande salvación por mano de tu siervo; ¿y moriré yo ahora de sed, y caeré en mano de los incircuncisos?"* (15:17).

En oración Sansón le dio a Dios la gloria y la honra: *"Tú has dado esta grande salvación"*. Reconoció que no fue su fuerza sino el poder de Dios. Agradeció a Dios por haberlo usado: *"por mano de tu siervo"*. Se ve como su instrumento en las manos de Dios, como una herramienta de su voluntad. Presentó su necesidad inmediata: *"¿y moriré yo ahora de sed...?"* Necesitó un milagro de provisión, de subsistencia humana. Sabía que Dios se lo podía dar. Buscó la protección divina: *"¿...y caeré en mano de los incircuncisos?"* Aunque mató mil filisteos, no niega la capacidad de sus enemigos. Al enemigo no se subestima. Está derrotado, pero sigue siendo un enemigo fuerte y capaz de hacernos daño.

¡Dios hizo el milagro! De *"la cuenca que hay en Lehi"*, dice el texto bíblico, *"y salió de allí agua"* (15:19). Leemos: *"y él bebió, y recobró su espíritu, y se reanimó"* (15:19).

Primero, *"y él bebió"*. Dios lo hizo con Moisés y lo hace también con Sansón. La sed del creyente solo Dios la puede satisfacer. Tenemos que tener sed de la presencia de Dios.

Segundo, *"y recobró su espíritu"*. Aun los ungidos se sienten sin espíritu en ocasiones. Espiritualmente se sienten caídos. Sansón después de esa gran victoria decayó en el espíritu. Pero Dios lo levantó.

Tercero, *"y se reanimó"*. ¡Ánimo hermano! ¡Ánimo ministro! ¡Ánimo líder! Sansón también se había desanimado. Pero Dios anima con su Espíritu y nos activa de nuevo para su obra. ¡Reanímate!

A aquel lugar lo llamó *En-hacore* que significa: *"La fuente del que clamó"* (15:19). En los días del escritor de los Jueces se le conoció a aquel manantial por ese nombre (15:19).

El capítulo termina con un breve resumen adelantando del ministerio de Sansón: *"Y juzgó a Israel en los días de los filisteos veinte años"* (15:20). En 16:31 se repite de nuevo: *"Y él juzgó a Israel veinte años"*. Es posible que esto se refiera a que después de cargar las puertas de Gaza (16:1-3) y la traición de Dalila que lo hizo cautivo de los filisteos, Sansón ya había juzgado *"veinte años"*.

El capítulo 16 de los Jueces puede referirse al año final de su vida. De ser así y haber comenzado joven como juez, juzgando veinte años, murió relativamente antes o cerca de los cuarenta años de edad. Es posible que fuera contemporáneo del juez Jefté (Jue. 10:6—12:15).

Conclusión

(1) Cuando las cosas se vean extrañas, preguntémosle a Dios el porqué. (2) Nunca nos debe sorprender que los más cercanos a

La quijada de Sansón 39

nosotros no entiendan la misión que Dios nos ha dado. (3) Con la unción de Dios en nosotros, cualquier cosa nos puede servir. (4) La oración no debe faltarnos aunque tengamos dones.

EL ESCAPE DE SANSÓN

"Mas Sansón durmió hasta la medianoche; y a la medianoche se levantó, y tomando las puertas de la ciudad con sus dos pilares y su cerrojo, se las echó al hombro, y se fue y las subió a la cumbre del monte que está delante de Hebrón" (Jue. 16:3).

Introducción

Sansón visitó una ciudad filistea llamada Gaza y que hoy día continúa llamándose así; es parte de la Autonomía Palestina. Y allí tuvo intimidad con una prostituta filistea (16:1).

Los filisteos hicieron planes vigilando la puerta de la ciudad, para en la mañana sorprender a Sansón y matarlo (16:2). Era una puerta que se cerraba al anochecer y se abría al amanecer por seguridad.

Sansón se les adelantó y a la medianoche milagrosamente, arrancó las puertas con sus pilares y cerrojo, y cargó todo hasta el monte frente a Hebrón (16:3).

I. La carnalidad

"Fue Sansón a Gaza, y vio allí a una mujer ramera, y se llegó a ella" (16:1).

En el capítulo anterior Sansón, "el pequeño sol", resplandeció como el sol al mediodía. En este capítulo Sansón ha dejado de brillar, su luz no se deja ver. Una nube negra cubrió la luz de este pequeño astro humano que tenía que brillar para Dios.

Muchos ministerios que han alumbrado a muchos, cuyo brillo ha sido visto por muchos, de la noche a la mañana se apagan. Y la principal razón es por causa del pecado.

Sansón se casó con una filistea de Timnat y ese yugo desigual lo metió en serios problemas, poniendo su vida en peligro y exponiendo a la muerte a su esposa y a su suegro. Pese a esto, la unción de Dios lo energizó contra los filisteos, a quienes les dio una tremenda e inolvidable lección.

Sin embargo, Sansón no aprendió la lección por sus errores pasados. Alguien dijo: "El ser humano es la única criatura de Dios que puede caer dos veces en el mismo hoyo". Es difícil comprender como personas ungidas, poderosas en Dios, que son usados con dones en acciones extraordinarias, fuera de la unción se comportan carnalmente, sin sabiduría, sin inteligencia espiritual.

Sansón aparece enredado con una ramera o prostituta filistea en la ciudad de Gaza. Aquel ungido se ensució, empañó su santidad, apagó el Espíritu Santo, al acostarse y dejarse acariciar por una prostituta.

No supo valorar lo que era la unción de Dios en su vida. Dejó que sus pasiones desordenadas manejaran su vida privada. La unción es un tesoro que se tiene que cuidar con mucha atención.

Uno se puede acostumbrar tanto a la unción, que la puede llegar a considerar como un derecho más que un privilegio o una gracia de Dios en la vida cristiana.

II. El cautiverio

"Y lo rodearon, y acecharon toda aquella noche a la puerta de la ciudad; y estuvieron callados toda aquella noche, diciendo: Hasta lo luz de la mañana, entonces lo mataremos" (16:2).

El pecado embrutece, aprisiona, hace a uno víctima de sus enemigos y puede llevar a la muerte. Los hombres y mujeres cambian cuando el pecado los domina y controla sus vidas.

Los filisteos estuvieron espiando a Sansón, vigilando la puerta de la ciudad por donde se podían escapar. Hicieron planes para darle muerte tan pronto el sol saliera: Eran dos soles los que saldrían.

El enemigo nos pone a jugar con el pecado, a gozarnos con el pecado, a acostarnos con el pecado... para luego destruirnos.

A Sansón el mundo le puso sentencia. Lo estaba vigilando en su pecado. Dice la Biblia: *"Porque la paga del pecado es muerte, mas la dádiva de Dios es vida eterna en Cristo Jesús Señor nuestro"* (Ro. 6:23).

Es un grave riesgo espiritual rendirse al pecado. Las consecuencias de haber pecado pueden ser trágicas. Se pierden

El escape de Sansón

ministerios, se pierden dones, se pierden trabajos, se pierden familias y peor aún, se pierde la vergüenza en muchos casos.

Leemos: *"y estuvieron callados toda aquella noche"*. El mundo vigilaba las acciones y el comportamiento de Sansón. Él pensó que nadie sabía que estaba pecando, pero ya el mundo lo estaba mirando. Su vida de pecado ya no era un secreto. El mundo está callado y vigilando cuando ve a un Sansón que está actuando con apariencia de pecado o en pecado. Los pasos que llevan al pecado, el mundo los está contando.

Se nos dice: *"Hasta la luz de la mañana; entonces lo mataremos"*. Todo, tarde o temprano, será expuesto a la luz. La mañana le esperaba a Sansón. Pecó en la oscuridad, pero su castigo sería en la claridad. Lo que hoy se hace en la oscuridad, mañana saldrá a la luz.

Notemos esas expresiones: *"Y lo rodearon, y acecharon... y estuvieron callados..."* Eran como leones listos para atacar su presa. Sansón se hizo vulnerable al enemigo por su carnalidad, cambió la vida en el Espíritu por la vida en la carne. La pasión de una mujer lo enceguecía y lo sacaba de enfoque espiritual.

III. El escape

"Mas Sansón durmió hasta la medianoche; y a la medianoche se levantó, y tomando las puertas de la ciudad con sus dos pilares y su cerrojo, se las echó al hombro, y se fue y las subió a la cumbre del monte que está delante de Hebrón" (16:3).

Sansón fue despertado por la alarma del Espíritu Santo exactamente *"a la medianoche"*. El pecado lo durmió, lo sumió en un profundo sueño, pero Dios, que es misericordioso, se metió en aquel sueño y despertó a Sansón. El Espíritu Santo está despertando a muchos, que a causa del pecado y de las tentaciones se están durmiendo. La alarma del Espíritu Santo no nos deja dormir.

Es probable que después de Sansón haber saciado su apetito sexual, el Espíritu Santo lo redarguyó mientras dormía y se levantó sobresaltado de la cama.

Sansón movido por el impulso del Espíritu Santo, llegó a las puertas principales de Gaza y con solo sus manos arrancó los pilares, sacó sus puertas con la cerradura o cerrojo, y se las echó sobre sus hombros.

Jesús de Nazaret también tomó las puertas cerradas del pecado, las arrancó y las llevó sobre sus espaldas al monte Moriah, el monte de la Calavera. La muerte lo quiso encerrar en el sepulcro, pero así como Sansón movió las puertas, Jesucristo movió la piedra del sepulcro y salió del mismo victorioso en la mañana de la resurrección, exhibiendo las puertas de la muerte.

Desde la ciudad de Gaza hasta el monte en frente de Hebrón había más de 28 kilómetros. Estos fueron los kilómetros que Sansón milagrosamente tuvo que andar con el peso de aquellas puertas sobre sus hombros.

Aunque Sansón había estado pecando en Gaza, lo vemos saliendo de Gaza con la unción de Dios. ¿Cómo podemos entender esto? ¿Qué Dios unja a un hombre en pecado? Cuantos casos hemos visto de creyentes y líderes que han pecado y la unción de Dios se ha manifestado en sus vidas.

En un segundo lugar, Dios puede perdonar a alguien en pecado. Si la unción de Dios estuvo en Sansón es porque él se había arrepentido. Pero es muy peligroso continuar jugando al arrepentido y al perdonado, Dios puede detener su misericordia y su perdón. Él sabe quien se arrepiente de todo corazón y quien está jugando con su gracia.

Conclusión

(1) Ser ungido es un privilegio que no debe ser abusado. (2) El meternos en lugares prohibidos nos puede cerrar puertas. (3) El Espíritu Santo es una alarma que suena a tiempo para despertarnos.

LA TRAMPA A SANSÓN

"Después de esto aconteció que se enamoró de una mujer en el valle de Sorec, la cual se llamaba Dalila" (Jue. 16:4).

Introducción

Una vez más Sansón se ve enredado con otra filistea de nombre *"Dalila"* en un lugar llamado *"valle de Sorec"* (16:4). Salía de un hoyo y él mismo se metía en otro. Era un reincidente en sus malas acciones.

Al parecer ella era espía de la maquinaria política filistea, quienes le dieron instrucciones de su misión: *"Engáñale e infórmate en qué consiste su gran fuerza, y cómo lo podríamos vencer, para que lo atemos y lo dominemos; y cada uno de nosotros te dará mil cien siclos de plata"* (16:5).

I. El instrumento

"...se enamoró de una mujer... se llamaba Dalila" (16:4).

El *"valle de Sorec"* donde vivía *"Dalila"* la filistea estaba a 4 kilómetros de distancia de *"Zora"* donde nació Sansón. (En dicho valle de Sorec, este servidor ha almorzado varias veces en sus viajes a Israel.) El enemigo muchas veces está más cerca de nosotros de lo que nos imaginamos. El mundo está cerca de los creyentes, es nuestro vecino. No lo tenemos lejos.

Todo hombre o mujer de Dios tiene alguna debilidad. Las debilidades de algunos otros las conocen, pero para otros sus debilidades son muy secretas. La debilidad de Sansón era conocida: Las mujeres filisteas.

Leemos: *"...se enamoró de una mujer en el valle de Sorec, la cual se llamaba Dalila"*. Las filisteas tenían algo que atraían y seducían a Sansón. Tres mujeres, por lo menos, aparecen en la vida de Sansón: (1) La filistea de Timnat (14:1-7) con la cual contrajo matrimonio y que le fue dada por esposa a su "padrino" de bodas (14:20; 15:1-2). (2) La ramera filistea de Gaza (16:1). (3) La espía filistea de Sorec, llamada Dalila (16:4).

De la filistea de Timnat dijo Sansón: *"Tómame ésta por mujer, porque ella me agrada"* (14:3). De ella se dijo: *"Descendió, pues, y habló a la mujer; y ella agradó a Sansón"* (14:7). De Dalila la espía leemos: *"...se enamoró de una mujer... Dalila"* (16:4). De la prostituta de Gaza leemos: *"...y vio allí a una mujer ramera, y se llegó a ella"* (16:1). El deseo y la vista arruinaron a Sansón. No sabía decirle que no a la tentación. Todo lo que agrada, todo lo que se ve y todo lo que puede apasionar, también puede destruir espiritualmente a un creyente.

II. El plan

"Y vinieron a ella los príncipes de los filisteos, y le dijeron: Engáñale e infórmate en qué consiste su gran fuerza, y cómo lo podríamos vencer, para que lo atemos y lo dominemos; y cada uno de nosotros te dará mil cien siclos de plata" (16:5).

Probablemente Sansón tuvo varios encuentros con Dalila. Sus continuas visitas a Sorec llamaron la atención de *"los príncipes de los filisteos"*, los cuales decidieron utilizar a Dalila contra él.

Dalila fue contratada como espía contra Sansón. Por su cooperación seria gratificada con 12,5 kilogramos de plata, dados a ella por cada príncipe de la pentápolis filistea: Ecrón, Gaza, Ascalón, Gat, Asdad (Jos. 13:2-3).

Primero, *"engáñale..."* Aunque Sansón *"se enamoró"* de Dalila, ella solo estaba jugando a la enamorada. Lo haría víctima de su seducción femenina. El pecado engaña, nos hace creer lo que en realidad no es; parece un gatito inofensivo pero termina siendo un monstruo devorador.

Segundo, *"infórmate en que consiste su gran fuerza"*. El enemigo se la pasa recogiendo información sobre nosotros. Los filisteos querían saber de donde venía la *"gran fuerza"* de Sansón. Dalila tenía la misión de sacarle información a Sansón.

Hombres y mujeres de Dios cuidémonos de los espías que el enemigo busca utilizar contra nosotros. Nos engañan con su

La trampa a Sansón 47

amistad, se nos acercan como amigos, pero buscan descubrir algún secreto en nosotros para luego vernos derrotados.

Tercero, *"y como lo podríamos vencer"*. Esa es la agenda de los enemigos del reino de Dios: Vencer a los que son instrumentos de Dios. El enemigo está siempre buscando la manera de hacernos daño, de derrotarnos, de sacarnos de circulación en el trabajo para el Señor Jesucristo.

Cuarto, *"para que lo atemos"*. Atar es el deseo del maligno. Las ataduras espirituales son su trabajo. Nos quiere atar con heridas pasadas, con malas memorias, con malos hábitos, con una actitud no perdonadora, con rebeldía, con un temperamento descontrolado, con celos y envidias, con falta de aprecio a los demás, con baja autoestima, con egoísmo, con pereza con dudas, con hipocresía, con carnalidad, con legalismo, con orgullo personal, con riñas, con enojos, con criticas, con venganza, con resentimientos.

Quinto, *"y lo dominemos"*. Dominar a Sansón era la meta final filistea. No era la lucha de un pueblo judío contra los filisteos, era la lucha de un hombre contra toda una nación.

El enemigo engaña, ata y finalmente domina. ¡Cuántos que una vez estuvieron llenos del Espíritu Santo, que fueron instrumentos de poder, los llegamos a ver dominados y reducidos a esclavos del pecado!

Recuerdo a un joven ministro, le llamábamos "el ungido", cuando hablaba se sentía a Dios en su vida. Era muy querido de los hermanos en la fe. Prometía mucho en el reino de Dios. Se enamoró de una mujer casada. La pasión por ella lo llevó a descuidar su vida de santidad. Comenzó a pecar con ella, poco a poco la pasión por la obra de Dios se fue apagando en su vida, finalmente terminó destruido espiritualmente. Hoy día, aunque le sirve a Dios, ya no es ni un treinta por ciento de lo que era. ¡Está apagado! ¡Vive sin un gozo completo! ¡Es digno de pena!

Un ministro de reputación, admirado por muchos, un día abandonó su mujer, dejó su ministerio, se retiró de la predicación, se alejó de todos sus amigos, se distanció de la familia. Se fugó al mundo con una mujer. Hoy vive dominado por su acción, escondido en algún lugar.

Otro compañero de ministerio, con un ministerio de mucha pujanza, abdicó de su pastorado por cambiar a su esposa que le ayudó muchos años en el ministerio, por una joven delgada con piernas hermosas, que era su secretaria. ¡Pero lo perdió todo!

Otro ministro dominado por las presiones, abandonó su hogar, dejó un próspero y reconocido ministerio, desertó de su congregación, y hoy se encuentra haciendo un trabajo que dista mucho del llamado y ministerio que un día le dio el Señor Jesucristo.

Conocí un ministro que con una esposa bien parecida, sumamente elegante, se puso a enamorar mujeres de su congregación, lo cual le ocasionó un desastre emocional a su pareja y a él un desastre pastoral.

Un ministro atraído por una hermosa mujer, la invitó a su oficina para conversar sobre un asunto espiritual que se relacionaba con ella y se abalanzó sobre esta para besarla porque "la amaba". Ella tuvo que dejarlo y a los pocos segundos entró un oficial de la congregación, que por poco lo sorprende en este acoso sexual.

Un momento de entrega sexual, el ser abrazado por brazos extraños, el hacerse una sola carne con una que no es la esposa o el esposo, puede destruir el tiempo, los años y las energías que se han invertido en un ministerio.

Conclusión

(1) Lo que deseamos y lo que vemos, si no tenemos control, nos puede arruinar. (2) Tengamos cuidado con lo que decimos y a quién lo decimos.

EL JUEGO DE SANSÓN

"Y Dalila dijo a Sansón: Yo te ruego que me declares en qué consiste tu gran fuerza, y cómo podrás ser atado para ser dominado" (Jue. 16:6).

Introducción

Dalila, la espía filistea, inmediatamente comenzó con su misión para descubrir la fuerza y atar a Sansón (16:6). Sansón se puso a jugar con ella. Se entretuvo con la pasión y la carne.

Primero, dijo que si le ataban *"con siete mimbres verdes"*, él podía debilitarse (16:7). Ella lo ató y al avisarle que estaban los filisteos, los rompió (16:8).

Segundo, dijo que si era atado *"con cuerdas nuevas"* (16:11), se debilitaría. Ella lo hizo y al gritar que estaban los filisteos, él las rompió (16:12).

Tercero, le dijo que si le tejían *"siete guedejas"* con la tea a una estaca, sería vencido (16:13). Ella lo hizo así, gritó lo mismo y él arrancó la estaca (16:14).

Sansón jugó tres veces con la unción de Dios en su vida. En su inmadurez se puso a entretenerse con el don de Dios. Jugar con los dones nos puede llevar al fracaso.

I. El juego

"Y ella le dijo: ¿Cómo dices: Yo te amo, cuando tu corazón no está conmigo? Ya me has engañado tres veces, y no me has descubierto aún en qué consiste tu gran fuerza" (16:15).

Sansón no honró la posición en la cual Dios lo había puesto. Se puso a jugar con el regalo de Dios en su vida. Su asociación con aquella filistea le quitó el respeto por las cosas espirituales. Cuidado con quien nos estamos asociando o relacionando últimamente. Una mala asociación puede arruinar nuestro futuro.

En vez de comportarse a la altura de un creyente, de un ministro de Dios, de alguien llamado por Dios, se rebajó al nivel de un inconverso. Aquella inconversa, aquel instrumento de la seducción y engaño, hizo de aquel león de poder un gatito doméstico para jugar en casa.

Con su encanto femenino, con sus palabras novelescas, con sus caricias debilitadoras, aquella mujer manipuló al depredador, al exterminador, al destructor de los filisteos. Le decía a Sansón: *"Yo te ruego..."* (16:6); *"...descúbreme, pues, ahora, te ruego..."* (16:10, cp. 16:13).

Sansón le presentó tres maneras como podía ser atado y dominado: (1) Con *"siete mimbres verdes"* que no estaban conjuntados (16:7). Un comentarista ha dicho sobre estos *"mimbres verdes"* que *"eran una cuerda hecha de los intestinos de animales, no de una planta"*. (2) Con *"siete cuerdas muevas"* (16:12). (3) Con *"siete guedejas"* tejidas con tela y atadas a una estaca (16:13).

Al aviso de ella: *"¡Sansón, los filisteos sobre ti!"* (16:9, 12, 14). Con una facilidad increíble, que era la unción de Dios sobre su vida, Sansón rompió los siete *"mimbres"* (16:9), las *"siete cuerdas nuevas"* (16:12) y *"arrancó la estaca del telar con la tela"* (16:14).

En ese juego de poder, en ese espectáculo de unción, Sansón parecía que estaba ganando, cuando en realidad lo que estaba era perdiendo poco a poco con el enemigo. El que juega con las cosas espirituales se quema con fuego. ¡Sansón se estaba metiendo en la boca del león y no se estaba dando cuenta! El mundo y el pecado saben como poner anestesia local o general.

II. La insistencia

"Y ella le dijo: ¿Cómo dices: Yo te amo, cuando tu corazón no está conmigo?" (16:15).

La Nueva Biblia Española dice: *"Ella se le quejó: y luego dice que me quieres, pero tu corazón no es mío..."* Dalila quería que Sansón le demostrara que la amaba al decirle su más íntimo secreto. Dalila estaba jugando con los sentimientos de Sansón. Los sentimientos de otro ser humano se tienen que respetar. Si eres soltero o soltera nunca ilusiones a una persona con la cual no tengas planes de formalizar una relación seria y permanente.

El juego de Sansón

Muchos jóvenes de ambos sexos caen víctimas de esa tentación del maligno, que usa al novio o la novia que dice: *"Si me amas, acuéstate conmigo"*. Son muchas las señoritas que regalan su virginidad para demostrar que aman a su novio. Lo que hacen es desgraciarse, deshonrar a sus madres, traer lágrimas a los que le aman, tronchar en muchos casos su futuro y peor aún, fallarle al Señor Jesucristo. Él cuenta contigo y conmigo, no le fallemos.

Dalila no amaba a Sansón, simplemente lo usaba para sus propios fines, pero quería que Sansón sí le demostrara su amor. Notemos esa expresión: *"tu corazón no está conmigo"*. Jesús de Nazaret dijo: *"Nadie puede servir a dos señores, o amará a uno y aborrecerá al otro"*.

El escritor Santiago dijo: *"¡Oh almas adúlteras! ¿No sabéis que la amistad con el mundo es enemistad contra Dios?"* (Stg. 4:4).

El mundo no quiere una parte del corazón del creyente; lo quiere entero. Dalila quería una conquista total del corazón de Sansón, buscaba que se le rindiera sin condiciones. Antes de Sansón caer prisionero de los filisteos, ya era prisionero de Dalila.

Sansón fue poco a poco cediendo en su relación con Dios, a sus pasiones y debilidades humanas. Salía de un lío y se metía en otro. Jugó tanto con el pecado que terminó acostumbrándose al mismo. Lo triste es que esta historia de Sansón se sigue repitiendo en la vida de muchos hombres y mujeres de destino y de propósito en Dios. El pecado embrutece los sentidos del creyente.

Estos Sansones, llamados y destinados por Dios para ser sus instrumentos, para llegar a realizar grandes hazañas espirituales, para bendecir a sus generaciones y a sus descendencias, estropean todo el plan de Dios porque se ponen a jugar con el pecado.

Dalila representa lo más bajo de nuestras pasiones, ese deseo que no quisiéramos ver nunca cumplido. Lo que nos hace daño aunque nos guste es la destrucción para nuestra vida.

No dejemos que el espíritu de Dalila nos seduzca y nos reduzca a la impotencia espiritual, que nos desvié de nuestro llamado por Dios y de la vocación espiritual para la cual hemos sido seleccionados.

Con el pecado no podemos jugar, tarde o temprano este nos ganará, moverá su ficha y nos dará el "jaque mate". El diablo sabe jugar, y juega bastante bien.

El pecado, como la voluptuosa Dalila, se presenta con cara bonita, llamativa a las emociones, atractiva a los ojos, con apariencia inofensiva... pero eso será solo por un tiempo. El pecado es dañino, es peligroso, es contagioso, lleva a la destrucción moral, la muerte espiritual, la muerte física y la muerte eterna.

Mi amigo el reverendo Hermán Cruz dice: "A los ministros se les dan conferencias y oyen sermones de cómo vencer el 'espíritu de Jezabel', pero tenemos que vencer el 'espíritu de María, Rosa, Carmen, Gloria, Judith o Migdalia'. Es fácil hablar de espíritus demoníacos, pero olvidamos que hay espíritus de hombres o mujeres en cuerpos humanos que son igualmente de peligrosos".

Mi amigo José A Tejada y yo, mientras llevábamos a cabo una compaña de evangelización en México, escuchamos a un predicador hablar del "espíritu piernero" que hace caer a muchos hombres. Nos reímos, pero esa es una gran verdad: Dios hizo a las mujeres atractivas, pero codiciarlas puede llevar a la ruina espiritual.

Hombres y mujeres de Dios, cuidémonos del "espíritu piernero" o el "espíritu mollero". El desenfreno sexual, el apetito codicioso, la pasión desvergonzada, nos llevará al hoyo del infierno, a la boca del león y al principio del fracaso.

Conclusión

(1) Ponernos a jugar con el poder de la tentación es llegar a ser captados por el mismo. (2) Cuando nos alejamos del mundo, nos acercamos a Dios; cuando nos acercamos a Dios, nos alejamos del mundo.

LA PRESIÓN A SANSÓN

"Y aconteció que, presionándole ella cada día con sus palabras e importunándole, su alma fue reducida a mortal angustia" (Jue. 16:16).

Introducción

Dalila era un alicate de presión, una prensa que apretaba, un serrucho que cortaba. Ella sabía cómo utilizar sus palabras para lograr sus objetivos egoístas y malsanos. Aprovechaba cada oportunidad para dictar su voluntad. Tenía a Sansón sin tregua, no le daba descanso. No se le podía escapar.

Esta infame mujer produjo en el corazón de Sansón una *"mortal angustia"*. Lo que no hicieron los filisteos en el corazón del depredador filisteo, lo hizo aquella encarnación del mal, del engaño y de la traición.

I. La presión

"Y aconteció que, presionándole ella cada día con sus palabras e importunándole" (16:16).

En Proverbios 18:21 leemos: *"La muerte y la vida están en poder de la lengua, y el que la ama comerá de sus frutos"*. Con la lengua se transmite "vida" o se trasmite "muerte". Lo que uno habla edifica o destruye, bendice o maldice, anima o desanima. La lengua es un instrumento de poder para bien o para mal.

Dalila sabía como conseguir con palabras lo que quería. A Sansón lo presionaba con palabras y él era un ser humano que parece que no aguantaba muchas presiones.

En la vida, los hombres y mujeres de Dios, los jóvenes y las señoritas, los laicos y los ministros, tenemos que aprender a resistir presiones. Las presiones no nos deben romper. Bajo presión tenemos que funcionar correctamente.

La mayoría de los cristianos, gente llena del Espíritu Santo, no puede soportar las presiones. Cuando estas les llegan los doblegan, les apagan el ánimo, los hacen renunciar de las posiciones en la obra del Señor, desertan de las congregaciones, huyen de las responsabilidades, les fallan a los pastores. Lo abandonan todo.

A una de esas ovejas que se van hablando mal de uno y de la congregación, un ministro que conozco le envió esta carta, después de haber sido mordido por los ataques de la misma:

"Primero, muchas cosas que se 'dicen' y se 'hacen' en la oscuridad, un día salen a la luz, y así lo manifiesta tu correspondencia. 'Ayer' pensé que te conocía, 'hoy' si sé que te conozco.

"Segundo, las relaciones de compañerismo y fraternidad, que te tomó años construir con tus 'manos', las destruiste con tus 'pies' en los minutos que te tomó escribir tu carta, que será un recuerdo perenne en tu vida.

"Tercero, siempre consideré que habías llegado a ser un 'hijo en el ministerio'. Hoy me confirmas que nunca lo fuiste. Y te doy gracias por dejármelo saber.

"Cuarto, aunque descargaste mucho enojo sobre mí y otras personas que te han llegado a apreciar, te olvidaste de tener respeto de los que por la gracia de Dios hemos llegado a donde Dios quiso que llegáramos; y aquí se incluye a tu esposa, la cual ocupa un lugar de autoridad espiritual y respeto en nuestra congregación; y lo que 'ensucia' a uno, 'ensucia' a todos. Cuando nos conociste a nosotros, ella ya era una líder y una evangelista que hemos aprendido a honrar y a ayudar".

Leemos: *"Y aconteció que, presionándole ella cada día"*. Dalila presionaba diariamente a Sansón. Las presiones diarias son las más difíciles de aguantar, le afectan todo a uno, lo sacan a uno de quicio, descontrolan nuestras acciones. Debemos enfrentarlas en oración diaria y con lectura diaria de la Biblia.

Leemos: *"con sus palabras e importunándole"*. Sansón le daba mucho oído y escuchaba demasiado lo que le decía Dalila. Hay que cerrar el oído para no escuchar aquellas cosas negativas y enfermarnos con ese virus de palabras que buscan producir en nosotros presiones.

Esa palabra *"importunándole"* viene de *importunar* que significa: "incomodar con una pretensión o solicitud" (*Diccionario Encas*). Dalila incomodaba y fastidiaba a Sansón con la misma cantaleta todos los días. Ya lo enojaba cuando le hablaba.

Las muchas palabras de muchos llegan a molestar a otros. Repiten siempre lo mismo, enojan en lo que dicen y cómo lo dicen. Afligen cuando hablan.

La presión a Sansón

II. La angustia
"su alma fue reducida a mortal angustia" (16:16).

El alma de Sansón se le puso pequeña, como si se fuera a morir por causa de la "angustia" que emocionalmente estaba experimentando. Dalila lo hacía sentirse como si se fuera a morir. Para Sansón la muerte le era mejor que la presión producida por aquella filistea.
 ¿Se ha sentido usted alguna vez reducido "a mortal angustia"? ¿Se ha sentido con deseos de morir frente a muchas presiones de la vida? ¿Se está sintiendo presionado por alguien o por algo? ¿Cómo usted enfrenta las presiones? ¿Quién en su familia le presiona más? ¿A quién usted siente que esta presionando? ¿Qué aconsejaría usted a alguien que está bajo presiones?
 Nuestro Señor Jesucristo, conociendo la hora que se le avecinaba, se dirigió al Getsemaní, y leemos: *"Y tomando a Pedro, y a los dos hijos de Zebedeo, comenzó a entristecerse y a angustiarse en gran manera"* (Mt. 26:37). Allí se dirigió a sus tres discípulos diciéndoles: *"Mi alma está muy triste, hasta la muerte; quedaos aquí, y velad conmigo"* (Mt. 26:38).
 Jesús supo lo que era tener el alma triste, angustiada, acompañada de un sentimiento de muerte. En su soledad emocional les pidió a sus discípulos que no lo dejaran solo. Por eso, Jesús se puede identificar con todo el que está pasando por alguna clase de angustia en su vida, en su matrimonio, en su hogar, en su trabajo o con alguien o en algún lugar.
 Un tiempo atrás mi esposa Rosa me dijo: "Kittim, el problema más grande de muchos es que cuando quieren decir 'no', quieren explicar por qué 'no'. Cuando uno dice 'no', ya basta. No se debe explicar porque eso puede llevar a negociar. Tenemos que aprender a decir que no".
 Sansón no sabía decir "no", "basta ya", "no molestes más", "no sigas insistiendo", "no me voy a rendir", "mantengo mi palabra", "soy fiel a mi promesa", "déjame quieto ya", "no sigas". Y eso lo sabía Dalila, le conocía su parte débil, sabía que el Sr. Sansón no aguantaba presiones.

Conclusión
 (1) Las presiones nos llegan a todos, la actitud ante ella determina si nos atrapan o escapamos de ellas. (2) La angustia viene. Se queda si la dejamos, se va si la rechazamos.

EL DESCUBRIMIENTO DE SANSÓN

"Le descubrió, pues, todo su corazón, y le dijo:
Nunca a mi cabeza llegó navaja; porque soy nazareo
de Dios desde el vientre de mi madre. Si fuere rapado,
mi fuerza se apartara de mí, y me debilitaré y seré como
todos los hombres" (Jue. 16:17).

Introducción

Tanto da la gota en el techo que hace un hoyo. Leemos en Proverbios: *"Dolor es para su padre el hijo necio, y gotera continua las contiendas de la mujer"* (19:13). *"Gotera continua en tiempo de lluvia y la mujer rencillosa, son semejantes"* (27:15). La presión de Dalila a Sansón funcionó. Él le reveló el secreto de su corazón. Le dijo como él se debilitaría. Le confesó a ella el voto con su pelo como nazareo. Él se le redujo a ella al nivel de *"todos los hombres"*.

I. El secreto

"Le descubrió, pues, todo su corazón, y le dijo: Nunca
a mi cabeza llegó navaja; porque soy nazareo de Dios
desde el vientre de mi madre" (16:17).

Ya Sansón había violado el voto de nazareo unas dos veces: (1) El nazareo no podía tocar cuerpo muerto y Sansón sacó un panal de miel del león muerto, ya en la osamenta, y comió del mismo (14:8-9). (2) El nazareo tenía que abstenerse de todo derivado de la uva, esto incluía comer uvas o beber vino. En Timnat, Sansón se fue a casa con una filistea. Leemos: *"...y Sansón hizo allí banquete;*

porque así solían hacer los jóvenes" (14:10). En esos banquetes se tomaba vino y se comían uvas.

Dios había sido muy misericordioso con Sansón. Le perdonó su debilidad, no le retiró su Espíritu Santo. Por el contrario, el Espíritu Santo lo energizó para cumplir el propósito de Dios en él. El hecho de que Dios no nos retire su bendición no significa que Él apruebe lo que hemos hecho. ¡Tarde o temprano pagaremos las consecuencias por nuestra desobediencia!

Ahora Sansón le confesó a Dalila el secreto espiritual de su fuerza sobrenatural: Su pelo largo, que a causa del voto de nazareo, él no se lo podía rapar o cortar. Nunca a Sansón le habían cortado el cabello. Los judíos *hassidic* no se afeitan la barba y el bigote, y se dejan desde niños frente a cada oreja una guedeja de pelo o tirabuzón, y que jamás llegan a cortársela como señal de ser ortodoxos. ¡Sansón era un judío *hassidic*!

Notemos esa expresión: *"soy nazareo de Dios desde el vientre de mi madre"*. Su consagración y llamado fue desde antes de haber nacido. Nació para ser de Dios y hacer algo para Dios. ¿Cuántos hijos e hijas pueden ser consagrados a Dios "desde el vientre de su madre"?

Sansón dijo: *"soy nazareo"*. Él saber quién uno es en Dios, puede determinar la actividad de uno para Dios. ¿Quién eres tú y quien soy yo? ¿Soy qué? ¿Eres qué?

Recientemente mientras mi esposa y yo participamos en una mesa de una recepción de bodas, una dama que hacia dos meses le había entregado su corazón a Jesucristo declaró: "Yo no sabía quién era yo y todavía estoy tratando de descubrir quién soy yo. Pero si sé que desde que Jesucristo llegó a mi vida, estoy aprendiendo a conocerme a mí misma".

El mismo Moisés se encontró con un problema de identidad. Él vivió en tres culturas. Primero, vivió sus primeros cuarenta años de edad como príncipe egipcio siendo adoptado por la hija de Faraón; aunque en su genética era hebreo. Segundo, a causa de haberle dado muerte a un egipcio, huyó a Madián y pasó los segundos cuarenta años de su vida como un beduino madianita del desierto, siendo un hebreo por nacimiento y un egipcio por crecimiento. Tercero, vivió sus últimos cuarenta años como lo que siempre fue: Un hebreo.

Moisés vivió en tres culturas diferentes. Primero, con una cultura impuesta como egipcio. Segundo, con una cultura autoimpuesta como la madianita. Tercero, con una cultura descubierta como hebreo. De ahí la gran interrogante: *"¿Quién soy yo para que vaya a Faraón, y saque de Egipto a los hijos de Israel?"* (Éx. 3:11).

El descubrimiento de Sansón 59

Los marineros en el barco que viajaba Jonás el profeta exclusivista le preguntaron: "¿*Qué oficio tienes, y de dónde vienes? ¿Cuál es tu tierra, y de qué pueblo eres?*" (Jon. 1:8). A lo que el obstinado y desobediente profeta les contestó: "*Soy hebreo, y temo a Jehová, Dios de los cielos, que hizo el mar y la tierra*" (Jon. 1:9). Jonás sabía quién era él y a quién le servía.

Al momento del arresto en el Getsemaní, Jesús preguntó a los enviados para su arresto: "*¿A quién buscáis?*" (Jn. 18:4). Leemos: "*Le respondieron: A Jesús nazareno. Jesús les dijo: Yo soy*" (Jn. 18:5).

II. La confesión

"Si fuere rapado, mi fuerza se apartará de mí, y me debilitaré y seré como todos los hombres" (16:17).

Primero, "*si fuere rapado...*" Sansón sabía que si le cortaban el cabello, allí comenzarían sus más severos problemas. ¡Un solo corte de su cabello bastaría para la destrucción del titán de Dios! Todos nosotros tenemos algo de lo cual podemos ser rapados. ¡El diablo quiere cortarnos el cabello! ¡No lo dejaremos hacerlo!

Segundo, "*mi fuerza se apartará de mí...*" Aunque Sansón decía "*mi fuerza*", en realidad era la "*fuerza*" de Dios. Es peligroso creernos que los dones son nuestros, que la "*fuerza*" es nuestra, que el ministerio es nuestro, que la posición espiritual es nuestra, que la unción es nuestra, recordemos siempre que es de Dios. Él nos presta los dones y las posiciones a nosotros y cuando Él lo crea conveniente, puede reclamar lo que es suyo.

Sansón estaba consciente que si se sometía a las tijeras del diablo, a la estilista de la tentación, al barbero o peluquera del mundo, aquella "*fuerza*" que muchas veces se manifestó en él lo abandonaría. El pecado hará que la "*fuerza*" espiritual que tenemos ahora se aparte de nosotros. O nos apartamos del pecado o el pecado nos apartará de Dios. Sepamos que un día ese poder del Espíritu Santo que nos hace fuertes, si quebrantamos el pacto con Dios, nos dejará solos.

Tercero, "*y me debilitaré...*" Sansón sabía que vacío del Espíritu Santo, él se debilitaría. Tuvo que admitir ante aquella bella bestia del mal, aquel huracán del fracaso, aquel terremoto de la destrucción, aquella tormenta de la derrota, aquel tornado del engaño, que sin la presencia de Dios en su vida, él resultado sería: "*y me debilitaré...*"

Todos nos podemos debilitar. Nos debilitamos si dejamos de orar, de leer la Palabra, de asistir habitual y frecuentemente al templo, si dejamos de participar con los hermanos en la fe, de buscar más el rostro de nuestro Señor Jesucristo, de trabajar en la obra del Señor, de reconocer nuestras faltas, de someternos a los líderes puestos por Dios. Usted y yo conocemos a algún Sansón que se debilitó en algún momento o en alguna área de su vida. Sansón sabía que se podía debilitar. Usted y yo también lo sabemos. Nunca neguemos esa verdad en nuestra vida. La debilidad espiritual que le ha pasado a otros hermanos en la fe, nos pude pasar a nosotros.

Cuarto, *"y seré como todos los hombres"*. Sansón conocía lo que lo hacia a él diferente a los otros *"hombres"*. Sin Dios en su vida, sin la llenura del Espíritu Santo, fuera del pacto divino, Sansón tiene que admitir: *"y seré como todos los hombres"*. Hombres llenos de Dios no pueden ser como *"todos los hombres"*. ¡Somos diferentes! Nos parecemos a ellos, pero no hablamos como ellos, ni actuamos como ellos, no hacemos lo que ellos hacen, no somos como ellos. Esa gran diferencia entre ellos y nosotros lo es la presencia de Dios en nuestra vida.

Es triste volver a ser *"como todos los hombres"*. Ellos mismos se sorprenderían de vernos como ellos. El pecador se sorprende cuando ve a uno que fue "santo" tratando de ser ahora como él: En fiestas como él, emborrachándose, drogándose, fornicando como él, diciendo los chistes rojos, amarillos y anaranjados que él dice. Es como un águila tratando de pasarse como buitre, una paloma actuando como cuervo, un león comportándose como hiena.

¡Cuántos siervos y siervas de Dios se hacen *"como todos los hombres"*! ¡Renuncian a su posición en Cristo, para rebajarse a una posición con el mundo! Se transforman en ciudadanos del mundo. ¡No somos del mundo! (1 Jn. 3:1).

En Gálatas 6:14 leemos: *"Pero lejos esté de mí gloriarme, sino en la cruz de nuestro Señor Jesucristo, por quien el mundo me es crucificado a mí, y yo al mundo"*.

La cruz de Jesucristo es la frontera espiritual que separa al creyente del mundo y al mundo del creyente, es una verja de separación entre la carne y el espíritu, es un muro de independencia entre la provincia lejana del mundo y la barriada de Dios. A ese mundo llegaremos únicamente como *"embajadores de Cristo"* (2 Co. 5:20) para proclamar esperanza y fe en Dios y en su Palabra.

"Y seré como todos los hombres". Esa es la triste realidad de todo el que la ponzoña venenosa del pecado le pica. Deja de ser lo que es en Dios y regresa a ser lo que era antes de conocer a Jesucristo.

En Lucas 15 se nos narra la parábola del hijo pródigo. El menor que le pidió la parte de su herencia al padre y un día, abandonando

El descubrimiento de Sansón

el hogar, dejó a su padre y a su hermano mayor. Se fue a una provincia lejana y todo lo desperdició. Terminó cuidando cerdos y lamentándose de su condición. Hoy día tenemos muchos padres pródigos, madres pródigas, esposos pródigos, esposas pródigas, hijos pródigos, hijas pródigas, amigos pródigos, amigas pródigas, pastores pródigos, evangelistas pródigos y líderes pródigos.

Conclusión

(1) Tengamos cuidado a quiénes le confiamos nuestras confidencias. (2) No confesemos nuestras debilidades a otros, las pueden usar contra nosotros.

LA RUINA DE SANSÓN

11

"Viendo Dalila que él le había descubierto todo su corazón, envió a llamar a los principales de los filisteos, diciendo: Venid esta vez, porque él me ha descubierto todo su corazón. Y los principales de los filisteos vinieron a ella, trayendo en su mano el dinero"
(Jue. 16:18).

Introducción

En toda la reseña biográfica de aquel coloso espiritual llamado Sansón, es aquí en Jueces 16:18-19 donde vemos que sin Dios en el corazón, aun el hombre más fuerte del mundo puedo ser afligido, maltratado y golpeado por una mujer.

Dalila fue una espía filistea, trabajo como agente secreto para el gobierno filisteo, jugó con los sentimientos y pasiones de Sansón y finalmente lo entregó en manos de sus superiores.

I. La traición

"Viendo Dalila que él le había descubierto todo su corazón,
envió a llamar a los principales de los filisteos, diciendo:
Venid esta vez, porque él me ha descubierto todo su corazón.
Y los principales de los filisteos vinieron a ella, trayendo
en su mano el dinero" (16:18).

Sansón no supo guardar la gran confidencia de Dios en su corazón. Las presiones, manipulaciones y astucias de Dalila pudieron traspasar la caja fuerte de su corazón. Ante aquel acetileno del engaño se fundió el candado de su voluntad. Aquel huracán de fuertes vientos y lluvias inundó la vida de aquel insigne héroe hebreo.

Sansón, aunque bendecido con dones de parte de Dios, escogido como instrumento del propósito divino, bendecido con una posición de autoridad como juez en su tribu, carecía de carácter espiritual. Era muy inmaduro en tomar decisiones correctas.

Todo se lo dijo a Dalila: *"Viendo Dalila que él le había descubierto todo su corazón..."* La expresión *"descubierto todo su corazón"* se repite dos veces en Jueces 16:18. Dalila venció a Sansón con palabras. Lo que no había hecho un ejército filisteo, lo hizo una sola mujer.

A la única persona que se le debe revelar todo el corazón es a Dios, no a personas imperfectas como nosotros. No sabemos cómo utilizarán la información que les damos en confidencia. Pero todos somos miembros imperfectos de una Iglesia perfecta.

Una vez cumplida su misión de descubrir el corazón de Sansón, Dalila envió por aquellos *"principales de los filisteos"*, los cuales la habían contratado para esta infame y traidora misión. Ellos *"vinieron a ella, trayendo en su mano el dinero"* (16:18).

De José el soñador leemos: *"Y cuando pasaban los madianitas mercaderes, sacaron ellos a José de la cisterna, y le trajeron arriba, y le vendieron a los ismaelitas por veinte piezas de plata. Y llevaron a José a Egipto"* (Gn. 37:28).

De Jesús de Nazaret leemos: *"Entonces uno de los doce que se llamaba Judas Iscariote, fue a los principales sacerdotes y les dijo: ¿Qué me querréis dar, y yo os lo entregaré? Y ellos le asignaron treinta piezas de plata. Y desde entonces buscaban oportunidad para entregarlo"* (Mt. 26:16).

Por José se pagaron *"veinte piezas de plata"*; por Jesús, *"treinta piezas de plata"*; por Sansón, *"mil cien ciclos de plata"* (Jue. 16:5). Los tres tuvieron un precio alto. Por cada uno de nosotros, el enemigo ha puesto un precio alto. Él nos tiene a la venta sin nosotros saberlo. ¡Y no estamos en descuento! Algo ofrece el maligno por nosotros. Y alguien cerca de nosotros podría estar dispuesto a negociarnos.

Todavía el dinero compra amigos, compra fidelidad, compra lealtad, compra el engaño, compra la amistad. ¡Dalila vendió el corazón de Sansón por amor al dinero!

II. El sueño

"Y ella hizo que él se durmiese sobre sus rodillas" (16:19).

La ruina de Sansón 65

Dalila supo como anestesiar el coloso de Dios. Le ofreció sus rodillas como almohada. Sansón se sintió muy cómodo en las rodillas de aquella vampiresa del engaño y la traición.

El pecado anestesia, lo pone a uno a dormir placenteramente. Pero cuando nos levantamos estaremos en una horrible pesadilla. ¡Hombres y mujeres de Dios rechacemos la anestesia del pecado!

El pecado lleva a la inconsciencia, embrutece la voluntad, duerme todo los sentidos y nos acaricia para destruirnos. Posiblemente Dalila jugaba con sus dedos largos y finos entre la abundante melena de aquel extraordinario héroe de la fe (He. 11:32). Llamado Sansón "el pequeño sol", "el soleado". Aquel "sol" estaba allí apagándose en las rodillas del mundo.

¡Despierta Sansón, no caiga en el profundo sueño! ¡Este puede ser el peor de todos sus sueños! ¡No siga durmiendo en esas "rodillas" de infamia, de mentira, de falsedad, de apariencia! ¡Si se queda dormido le van a cortar el cabello! ¡Dalila no le ama, ella lo está usando!

III. El corte del cabello
"y llamó a un hombre, quien le rapó las siete guedejas de su cabeza" (16:19).

La Nueva Biblia Española dice: *"y entonces llamó a un hombre, que cortó los siete mechones de la cabeza de Sansón".*

Dalila le tenía preparado un barbero, un peluquero, que le daría el primero y el último corte de pelo fuera de moda al melenudo de Dios. Quizá con tijeras filisteas, tomó aquellas siete trenzas, que representaban su pacto con el Dios de la plenitud, y fue cortándolas una por una.

El diablo no sabe cortar bien el cabello, pero aún así quiere hacerlo, dañarnos el peinado, y peor aún, dejarnos sin pelo.

Dios no quería a Sansón con el cabello cortado: *"y navaja no pasará sobre su cabeza, porque el niño será nazareo"* (13:5). *"Nunca a mi cabeza llegó navaja porque soy nazareo de Dios"* (16:17).

Hay cosas que el creyente nacido de nuevo, lleno del Espíritu Santo, no puede quitarse de su vida espiritual: El ayuno, la oración, el estudio de la Palabra, la predicación, la asistencia con regularidad a la casa de Dios, el confraternizar con la familia de Dios, el sembrar financieramente en la obra de Dios, el ganar a otros para Jesucristo.

Sansón el solitario

Tenemos que cuidarnos de los barberos del enemigo. Estos tienen sus tijeras amoladas y solo están buscando a un Sansón que se quede dormido para cortarle el cabello. ¡Cuida tu voto de consagración! ¡No te dejes cortar el pelo!

Una mujer sin Dios, impía, carnal, puede dormir en sus rodillas a cualquier Sansón del ministerio; a cualquier Sansón de una esposa que lo ama. Dalila sabe dar sus píldoras para dormir.

Los hombres y mujeres de Dios deben mantenerse despiertos. Caer en un sueño profundo del descuido, de la irresponsabilidad, de la despreocupación, de la falta de atención al deber puede llevarnos a la pesadilla del fracaso humano.

Uno se puede dormir por cuentos, por chismes, por cansancio espiritual, por cosas agradables al oído, por descansar en otros, por creer todo lo que los demás dicen acerca de nosotros.

IV. El efecto
"y ella comenzó a afligirlo" (16:19).

Dalila que lo acarició y lo durmió en sus rodillas, ahora lo aflige. El pecado gusta y atrae al principio, pero después produce aflicción a la carne. Aquello con lo cual nos alegrábamos, nos entreteníamos, pasábamos el buen rato será lo que nos afligirá, nos llenará de tristeza, nos robará el gozo espiritual.

Sansón se hizo víctima de la violencia doméstica. Fue maltratado por la mujer que amaba. Dalila barrió polvo con el carácter del juez Sansón. La violencia doméstica, aunque es mayormente ejecutada por los hombres, puede ser también producto de una mujer.

¡Cuántos por un momento de placer carnal, han entregado su virginidad espiritual, para luego vivir bajo el martirio de la aflicción!

El pecado, aunque gusta, llegará a disgustar. Produce placer, pero traerá falta de placer. Entretiene, pero aburrirá. Atrae, pero cansará. Hace sentir bien, pero creará amargura de espíritu.

Lo más triste de esta historia, de esta novela de amor, que la mujer que profesaba amar a Sansón es la que ahora lo rechaza, lo detesta, ya no lo quiere. Ahora el coloso estaba débil, y aquella mujercilla, la mala de la novela, se mofa de él, lo tortura, juega con su carácter. Ella nunca lo quiso, solo quiso destruirlo. Dalila, la tigresa filistea, estaba en control.

El pecado termina dominando, afligiendo y haciendo daño a aquel que le da entrada en su vida, que se pone a jugar con el mismo, que se deja acariciar por el y que deja que este lo duerma.

La ruina de Sansón

V. La realidad
"pues su fuerza se apartó de él" (16:19).

Sansón era como un *superman* vencido por la *kriptonita* del pecado. Se acostó fuerte, se levantó débil. Se durmió todavía con la presencia de Dios y se levantó sin la presencia de Dios.
"...pues su fuerza se apartó de él". La Nueva Biblia Española expresa: *"su fuerza desapareció"*. Aquel día dejó de ser el Sansón de Dios y se hizo el Sansón del mundo; su santidad la cambió por carnalidad. Allí estaba, descarriado de la presencia y del poder de Dios.

La *"fuerza"* de Sansón lo era el Espíritu Santo en su vida, en su ministerio, en sus actividades. Sin Dios era un cualquiera, un hombre más con *"h"* minúscula. Uno más que liquidó Dalila, la infame, la perversa, la aprovechada, la manipuladora.

El que se aparta de Dios, Dios se aparta de él.

Tarde o temprano tenemos que enfrentar alguna realidad en la vida. La consecuencia de nuestro pecado nos alcanzará. Lo que somos dejaremos de serlo si a tiempo no rechazamos el pecado que nos quiere destruir.

"...su fuerza se apartó de él". Su fuerza no era su fuerza, era la fuerza de Dios. Y sin Dios nadie es fuerte. ¡Seremos marionetas del mundo! ¡Alfeñiques de nuestras pasiones! ¡Flacos de nuestras debilidades! ¡Niños de nuestra ignorancia!

Matthew Henry dijo sobre Sansón: "Así es como arruina Satanás a muchos, acunando suavemente a los hombres para que se duerman, haciéndoles sentirse a buen seguro en medio de sus vicios, y robándoles después la fuerza y el honor para llevárselos cautivos a su arbitrio" (Comentario Bíblico de Matthew Henry, Editorial Clie, página 265).

"...su fuerza se apartó de él". En cosa de segundos, Sansón dejó de ser lo que por muchos años había sido. Le tomó años de perseverancia y disciplina llegar al nivel de ser usado por el Espíritu de Dios, y en solo minutos llegó al nivel de ser desechado por Dios. El hombre fuerte de Dios se volvió el hombre débil del pecado.

Conclusión
(1) ¡Cuidado con el pecado que nos quiere dormir! (2) Siempre habrá un voluntario que nos querrá quitar la bendición espiritual. (3) Si nos apartamos de Dios, Él se apartará de nosotros.

EL ESCAPE DE SANSÓN

"Y le dijo: ¡Sansón, los filisteos sobre ti! Y luego que despertó él de su sueño, se dijo: Esta vez saldré como las otras y me escaparé. Pero él no sabía que Jehová ya se había apartado de él" (Jue. 16:20).

Introducción

En este pasaje encontramos la cuarta vez que se repite: *"¡Sansón, los filisteos sobre ti!"* (16:12, 14, 20). Sansón jugó tres veces, a la cuarta fue la vencida. Se escapó tres veces, esta vez no se escaparía.

I. La recuperación

"Y le dijo: ¡Sansón, los filisteos sobre ti! Y luego que despertó el de su sueño" (16:20).

Por cuarta vez Dalila, la tarántula filistea, le avisó a Sansón: *"¡Sansón, los filisteos sobre ti!"* Ella lo estuvo probando y acostumbrando a la derrota. Aquellos ensayos con el pecado, lo estaban amarrando.

El pródigo despertó de su sueño espiritual después que abandonó el hogar del padre y terminó en un corral de cerdos. Sus palabras fueron" *"¿Cuántos jornaleros en la casa de mi padre tienen abundancia de pan, y yo aquí perezco de hambre? Me levantaré e iré a mi padre, y le diré: Padre he pecado contra el cielo y contra ti. Ya no soy digno de ser llamado tu hijo, hazme como a uno de tus jornaleros"* (Lc. 15:17-19). El momento cuando el pródigo despertó de su sueño fue este: *"Y volviendo en sí..."* (Lc. 15:17).

Judas, el discípulo traidor, despertó de su sueño espiritual estando en remordimiento de espíritu: *"Yo he pecado entregando*

Sansón el solitario

sangre inocente. *Y arrojando las piezas de plata en el templo, salió, y fue y se ahorcó"* (Mt. 27:4-5).

Pedro, el discípulo intrépido, despertó de su sueño espiritual después de negar tres veces al Señor Jesucristo y haber cantado el gallo (Mt. 26:69-74). El resultado fue: *"...y saliendo fuera lloró amargamente"* (Mt. 26:75).

El rico *"que se vestía de púrpura y de lino fino, y hacia cada día banquete con esplendidez"* (Lc. 16:14) y que conocía al mendigo de nombre Lázaro, enfermo y hambriento (Lc. 16:20-21), murió al igual que aquel (Lc. 16:22). En el infierno, el rico despertó de su sueño espiritual, pero estaba sediento, en tormentos y pensado en cinco hermanos que no quería que llegaran al castigo eterno (Lc. 16:23-31).

II. El escape

"...se dijo: Esta vez saldré como las otras y me escaparé" (16:20).

Sansón estaba seguro de que esta vez también se escaparía. Si se escapó antes porque no ahora.

Muchos atrapados por el pecado, las drogas, el alcohol, la prostitución, la homosexualidad piensan que podrían escaparse y salir de estos vicios como ya lo han hecho antes. Pero les llegará el día cuando no podrán escapar. El vicio acabará con ellos.

Escaparse de las garras del enemigo no es tan fácil para muchos seres humanos. Se las pasan intentando escaparse de sus vicios, pero cada día más el vicio los domina, los insensibiliza, los paraliza y los sume en un laberinto sin salida.

Sansón pudo haberse escapado antes de aquella situación si se hubiera escapado de la tentación, si hubiera resistido las presiones, si se hubiera apartado de Dalila, la piraña filistea.

¡Escapa de la tentación, antes de que no puedas escapar del pecado! Usa tu libre albedrío, esa arma natural que Dios te ha dado como su creación que se llama "voluntad". ¡Tú y yo pecamos si nos da la gana!

En 1 Corintios 10:23 leemos: *"Todo me es licito, pero no todo conviene; todo me es licito, pero no todo edifica"*.

En 1 Corintios 6:12 leemos: *"Todas las cosas me son licitas, mas no todas conviene; todas las cosas me son lisitas, mas yo no me dejaré dominar de ninguna"*.

Podemos hacer todo lo que nos venga en gana hacer *"pero no todo edifica"*. Tenemos que tomar la firme decisión de decir: *"mas*

El escape de Sansón

yo no me dejaré dominar de ninguna". No permitamos que nada nos destruya y que nada nos esclavice. Somos libres para tomar nuestras propias decisiones y determinar el curso de nuestra vida. La llave para la puerta de nuestro destino la tenemos nosotros mismos.

III. El vacío

"Pero el no sabía que Jehová ya se había apartado de él" (16:20).

Sansón sin Dios en su vida era nada. Era la presa y no el depredador. Estaba controlado por otro, no en control. Fue el conquistado y no el conquistador. Perdió y no ganó. Aquella vida consagrada y destinada para estar llena del Espíritu de Dios, estaba allí vacía de esa presencia divina. Había sido un vaso lleno y se transformó en un vaso vacío.

Su espíritu se había divorciado del Espíritu de Dios. Dios y Sansón a partir de ahora estaban separados. Aquel contrato de trabajar juntos y asociados, se rompió aquel día. Sin el Espíritu Santo, Sansón llegó a ser menos que un hombre natural: Se hizo espiritualmente impotente. No es tanto que trabajemos para Dios, sino que Dios trabaje con nosotros. Dios está cansado de aquellos que dicen ser sus socios, cuando en realidad ya no lo son.

El salmista David oró a Dios diciéndole: *"No me eches de delante de ti, y no quites de mí tu Santo Espíritu"* (Sal. 51:11). David no perdió el Espíritu Santo, pero este se contristó en su vida: *"Vuélveme el gozo de tu salvación, y espíritu noble me sustente"* (Sal. 51:12).

De Saúl, el primer rey por voluntad primera del hombre, leemos: *"El Espíritu de Jehová se aparto de Saúl, y le atormentaba un espíritu malo de parte de Jehová"* (1 S. 16:14).

Lo peor que le puede ocurrir a un hombre o una mujer, a un joven o a una señorita que un día fue lleno del Espíritu Santo, es despertarse otro día sin la presencia de Dios.

La luna sin el sol no refleja luz, un pez fuera del agua se muere, el arroyo sin lluvia se seca, el ser interior sin la presencia de Dios se seca, no puede vivir espiritualmente.

Conclusión

(1) El enemigo sabe como dormirnos con lo que nos ponemos a jugar. (2) El diablo nos va acostumbrando al gran escape, hasta que llega el día cuando ya no podemos escapar. (3) La ausencia de la presencia de Dios en un hombre o mujer ungidos para una misión, le quita la licencia de actuar bajo su investidura.

LA DERROTA DE SANSÓN

13

"Mas los filisteos le echaron mano, y le sacaron los ojos, y le llevaron a Gaza; y le ataron con cadenas para que moliese en la cárcel" (Jue. 16:21).

Introducción

Este es el pasaje más triste en el libro de los jueces. La escena que más quebranta y da lástima en la vida del hombre mas temido por los filisteos. Es un cuadro triste y doloroso en la vida de un héroe de la fe.

En el pabellón de los héroes de la fe en Hebreos 11:32 leemos: *"¿Y que más digo? Porque el tiempo me faltaría contando de Gedeón, de Barac, de Sansón, de Jefté, de David, así como de Samuel y de los profetas"*.

Sansón fue reducido a un prisionero, a un desvalido, a uno que hacía el trabajo de un esclavo y de una mujer. De la cima de la gloria descendió a la sima de la deshonra.

I. Lo tomaron

"Mas los filisteos le echaron mano" (16:21).

La Nueva Biblia Española dice: *"Los filisteos lo agarraron"*. Sansón cayó prisionero de los filisteos. No tuvo la oportunidad de defenderse ante sus enemigos.

Notemos esa expresión: *"le echaron mano"*. Hacía tiempo que aquellos opresores del pueblo de Israel querían ponerle la mano encima a aquel paladín hebreo. Esa oportunidad se la permitió Sansón a ellos, porque no supo guardar su lugar.

El enemigo de las almas siempre tiene algún plan para ponerle o echarle la mano a todo creyente lleno del Espíritu Santo. Echarnos su mano encima es su mayor deseo.

No dejemos que el diablo nos ponga la mano encima, vigilemos esas manos. No nos descuidemos en nuestra comunión con Dios, porque el enemigo esta velando por ese descuido nuestro. Si nos dormimos en las rodillas del placer y de las obras de la carne, despertaremos atrapados en sus manos.

Alguien nos quiere poner la mano encima y tenemos que andar con "cuatro ojos abiertos". Vernos en derrota es el mayor deseo de que los que son carnales, los que respiran humo del infierno.

II. Lo cegaron

"y le sacaron los ojos" (16:21).

La Nueva Biblia Española expresa: *"le vaciaron los ojos"*. Debe haber sido terrible para Sansón ver como le introducían instrumentos en los ojos y sentir el dolor de que se los sacaran. Aunque también pudieron pasarle frente a los ojos hierros al rojo vivo y con esto producirle ceguera, pero me parece mejor la traducción de que le sacaron los ojos.

En su memoria siempre estuvo el rostro de Dalila la hiena filistea, la piraña de la pasión, los rostros despiadados y malvados de aquellos lobos filisteos. Una de las consecuencias del pecado es dejarnos siempre una mala memoria, el recuerdo de un último momento.

Aquel hombre que estuvo ungido, con una fuerza descomunal, fue dejado sin visión. Ya no vería jamás a sus enemigos, sus ojos no codiciarían a ninguna filistea. El mundo que antes disfrutó, era ahora tinieblas.

El pecado enceguece, quita la visión, nos transforma en minusválidos o incapacitados espirituales. Nos priva de ver todo lo que es hermoso en la vida, de disfrutar la creación de Dios, de ver aquellas personas o aquellas cosas que nos hacen daño.

Cuando los niños filisteos veían a Sansón, sus padres les decían: "¡Era nuestro azote, pero lo dejamos ciego!" El que era antes temido, es ahora un trofeo de guerra.

III. Lo llevaron

"Y le llevaron a Gaza" (16:21).

Toda la ciudad de Gaza, una de las principales de la pentápolis filistea, recordaba que el ciego que entraba atado por sus puertas nuevas era el mismo hombre hebreo, danita, que una noche le arrancó las antiguas puertas y se las llevó hasta el monte Hebrón en la distancia.

La derrota de Sansón 75

Donde Sansón dio testimonio del poder de Dios, regresó derrotado e incapacitado. La ciudad que oyó hablar del poder que tenía Sansón es la misma que lo vio vacío, débil, sin valerse por sí mismo.

"*Gaza*" representa ese mundo del cual habíamos escapado, que al quedarnos ciegos por el pecado, nos hacemos sus inquilinos involuntarios. Los de "*Gaza*" se mofarán de nosotros cuando estemos atados a un molino.

"*Gaza*" es el lugar donde Sansón pasaría los últimos días de su vida. Lejos de su tribu, apartado de los suyos, discriminado y constante objeto de burla por los filisteos.

Hoy día Gaza es parte de la Autonomía Palestina. Sigue siendo un lugar geográfica y políticamente de conflictos. Después de 38 años de ocupación israelí, estando este servidor en Jerusalén fui testigo ante la cámara de televisión de cómo se bajaba la bandera de Israel y se devolvía dicho territorio al pueblo palestino.

Las ciudades de Ascalón, Acro y Asdod hoy día son ciudades israelitas. Esa teoría de que los presentes palestinos son los antiguos filisteos y que por eso viven en las ciudades filisteas, se derrumba frente a lo antes dicho. Aunque Palestina significa: "tierra de los filisteos", fue el nombre dado por los romanos después de la destrucción de la ciudad de Jerusalén y sus alrededores.

IV. Lo humillaron
"y le ataron con cadenas para que moliese en la cárcel" (16:21).

Ciego y preso, lo peor que pudiera sucederle a cualquiera ser humano. El león libre y fuerte, es el león ciego y cautivo. En la cárcel filistea de Gaza, Sansón estaba atado con fuertes e incomodas cadenas. El pecado lo tenía allí encadenado. En todo estaba limitado.

El enemigo es un experto atando "*con cadenas*" espirituales. Sansón tenía que arrastrar aquellas pesadas "cadenas". Su oído tenía que escuchar aquella orquesta sin armonía de eslabones unidos el uno al otro.

Sansón se levantaba atado, vivía atado y se acostaba atado. Muchas personas viven en nuestras ciudades atadas por algún vicio, atadas por algún mal recuerdo, atadas por algún maltrato sexual, atadas por algún engaño, atadas por algún rechazo emocional, atadas por alguna traición, atadas por algún engaño, atadas por algún secreto, atadas por alguna debilidad vergonzosa.

Sansón el solitario

El único que puede libertar de esas cadenas se llama Jesús de Nazaret. Dice la Biblia: *"Así que, si el Hijo os libertare, seréis verdaderamente libres"* (Jn. 8:36). *"Y conoceréis la verdad, y la verdad os hará libres"* (Jn. 8:32).

Leemos: *"para que moliese en la cárcel"*. Si era empujando la rueda de un molino, le dieron un trabajo forzado de un burro o de esclavos. Por el contrario, si era moliendo granos en un pilón, le dieron el denigrante trabajo realizado en aquella época por mujeres. En cualquiera de los casos, el trabajo de moler granos era algo humillante para un juez como Sansón.

Muchos están moliendo en la cárcel de su conciencia que los fiscaliza, que los acusa por algún grave error. La conciencia es el fiscal que siempre le recuerda al ser humano el mal que ha hecho, que dijo o no dijo.

Dar vueltas a la rueda de un molino representaba para Sansón la vida rutinaria. Son muchos los que están dando vueltas y más vueltas, haciendo el mismo círculo, girando en el mismo lugar. Repitiendo siempre lo mismo. Llevando una vida rutinaria, sin nada extraordinario. Así Sansón pasó sus últimos días, haciendo siempre lo mismo y repitiendo cada día lo que había hecho el día anterior. La condición es la misma para muchos hombres y mujeres sin Jesucristo en sus vidas.

Conclusión

(1) Cuidémonos de que el enemigo no nos ponga la mano encima. (2) Lo peor que nos puede ocurrir es perder la visión de quiénes somos y lo que tenemos que hacer. (3) Cuando se pierde la gracia de Dios seremos exhibidos allí donde Dios manifestó en nosotros su poder. (4) La peor humillación para cualquiera que ha sido usado por Dios es que se nos ponga a hacer algo que rebaja nuestro carácter y nuestra misión.

LA RESTAURACIÓN DE SANSÓN

"Y el cabello de su cabeza comenzó a crecer, después que fue rapado" (Jue. 16:22).

Introducción

Dios es el Dios de una, de dos, de tres y de todas las oportunidades. El que ha caído se puede levantar. El que ha fracasado puede triunfar. El que ha pecado puede ser perdonado.

Desde que Sansón fue rapado de su larga melena, hasta que comenzó a crecerle de nuevo el cabello paso un tiempo razonable. El tiempo puede ser nuestro peor enemigo o puede ser nuestro mejor amigo. Un tiempo atrás confronté a un joven que cayó en pecado. Al verlo me dio lástima, pero le dije: "Sigue adelante".

Para Sansón el tiempo fue su mejor socio. Era un preso rapado, encadenado y ciego; pero los folículos de su cabeza comenzaron a activar el crecimiento del cabello en Sansón.

I. El que ha caído se puede levantar

"Y el cabello de su cabeza comenzó a crecer, después que fue rapado" (16:22).

El voto de nazareo se volvió a reanudar entre Sansón y Dios. El arrepentimiento y el perdón se encuentran en la vida de este héroe caído. La gracia y el amor se abrazaron cuando el pelo le volvió a crecer.

¡El caído se puede levantar! Los que han caído no tienen que permanecer caídos si así lo desean y lo intentan. Se pueden levantar. ¡Si ha caído, levántese, no se quede abajo, vuelva a subir la cuesta!

El hijo prodigo *"volviendo en sí"*, dijo: *"...me levantaré..."*. Él cayó hasta lo más bajo, pero allí tomó la gran decisión de levantarse, y se levantó. Al llegar de regreso a la casa del padre, "este lo vistió y fue movido a misericordia". El padre compasivo, misericordioso, perdonador, restaurador, le aplicó todos los beneficios y privilegios de alguien que fue restaurado. Lo levantó con su gracia.

No es caerse, es levantarse. Se necesita valentía espiritual para levantarse. Los que han tropezado espiritualmente deben luchar por levantarse. La opinión negativa de los que critican no les debe quitar el deseo de volver a su lugar y estado original.

¡Levántese! ¡No se quede caído! A causa de los fuertes vientos y de las olas, Pedro comenzó a hundirse en aquellas aguas sobre las que caminó, pero gritó: *"Ay Señor que me ahogo"*. El Señor le extendió la mano y lo levantó, y juntos llegaron a la embarcación.

De las caídas podemos aprender a no cometer el mismo error dos veces. Pero alguien dijo: "El ser humano es la única criatura de Dios en esta tierra que puede cometer el mismo error muchas veces, pero también puede corregir esos mismos errores muchas veces".

II. El que ha fracasado puede triunfar

"Y el cabello de su cabeza comenzó a crecer,
después que fue rapado" (16:22).

En la vida triunfan aquellos que aprenden de sus fracasos. Fracasar puede ofrecer la oportunidad de triunfar si se toma positivamente. Cada fracaso en la vida es un reto a volver a intentar de nuevo algo que no logramos.

El fracaso nos puede sumir en la lastima o nos puede provocar a reaccionar optimistamente contra el mismo. Los que se han pasado por las avenidas del triunfo, antes anduvieron por los callejones del fracaso.

El noventa por ciento del triunfo es transpiración, el diez por ciento es esfuerzo. Albert Einstein dijo: "El éxito es noventa por ciento transpiración, y diez por ciento inspiración".

El triunfo no nos llegará automáticamente, el mismo debe ser provocado por el deseo de lógralo. El fracaso nos puede enseñar a no fracasar y como entonces podemos triunfar.

¡Comienza a triunfar ahí donde fracasaste! Los tropiezos son avisos en el camino para no caer de nuevo. El fracaso nos recuerda que necesitamos de Dios. ¡Fracasar es humano, pero intentar no

La restauración de Sansón

volver a fracasar es también humano! La actitud al enfrentar los fracasos determinan la aptitud para abrazar los triunfos. Al fracaso uno no se acostumbra. Con mucho trabajo se triunfa en la vida.

III. El que ha pecado puede ser perdonado
"Y el cabello de su cabeza comenzó a crecer después que fue rapado" (16:22).

Dios detesta el pecado, pero ama al pecador. El mensaje evangélico hace provisión para el perdón de los pecados, y la restauración del pecador. El mensaje de la gracia nos hace enfatizar más el perdón que la condenación, el cielo más que el infierno, la absolución más que el juicio, el amor más que el odio, la aceptación más que el rechazo.

En Romanos 6:23 leemos: *"Porque la paga del pecado es muerte, mas la dádiva de Dios es vida eterna en Cristo Jesús Señor nuestro"*. El pecado paga con la muerte espiritual. Dios regala la vida eterna, la perdurable, la que nunca terminará. Esa vida es para ti ahora y para siempre.

Bien lo declaró el rey David en su camino a la restauración espiritual, después de haber caído al adulterar con Betsabé: *"Los sacrificios de Dios son el espíritu quebrantado; al corazón contrito y humillado no despreciarás tu, oh Dios"* (Sal. 51:17). El que se quebranta, se contrista y se humilla, Dios lo perdonará.

Muchas cosas que han sido quitadas en la vida de muchos ungidos de Dios volverán a crecer nuevamente. Pongámonos en las manos de Dios y esperemos que el día de nuestro levantamiento venga ya de camino.

Conclusión

(1) Se puede experimentar caídas, la victoria está en levantarse. (2) Reconozca que el triunfo es una decisión de fe, que va acompañada de acciones positivas. (3) La puerta del perdón y la restauración de Dios estará siempre abierta para todo aquel que se arrepienta y lo busque de todo corazón.

EL JUEGO CON SANSÓN

15

"Y aconteció que cuando sintieron alegría en su corazón, dijeron: Llamad a Sansón para que nos divierta. Y llamaron a Sansón de la cárcel, y sirvió de juguete delante de ellos; y lo pusieron entre las columnas" (Jue. 16:25).

Introducción

Los príncipes de la pentápolis filistea decidieron ofrecer sacrificio a Dagón, dios de la tierra y la vegetación, y para celebrar la captura de Sansón, la cual ellos atribuían a este dios semita (16:23).

La presentación del destructor filisteo delante del pueblo, los hizo darle la gloria a su dios, que era una mofa contra el Dios verdadero. (16:24).

En su euforia y alegría, hicieron sacar a *Sansón el ciego* de la cárcel, porque querían entretenerse con él a manera de juguete (16:25). Puesto entre las columnas, le pidió a su lazarillo que lo acercara a las columnas principales (16:26). En aquel templo de Dagón había cerca de *"tres mil hombres y mujeres"* (16:27).

I. El culto

"Entonces los principales de los filisteos se juntaron
para ofrecer sacrificio a Dagón su dios y para alegrase;
y dijeron: Nuestro dios entregó en nuestras manos a
Sansón nuestro enemigo" (16:23).

La expresión *"los principales de los filisteos"* es una referencia al liderazgo general del pueblo filisteo, que incluiría también a *"los príncipes de los filisteos"*, es decir los que pagaron a Dalila por la captura de Sansón (16:5).

La finalidad de ellos era *"ofrecer sacrificio a Dagón"*, una especie de dios místico *pez-hombre*. Así se encuentran muchos seres humanos: Mitad y mitad, no son esto ni son aquello. Posiblemente era el mismo dios al cual servían los ninivitas en el tiempo del profeta Jonás, y de ahí la señal de Jonás saliendo del interior del *"gran pez"*.

Aquellos paganos convocaron un culto de agradecimiento a su dios Dagón, lo cual los tenía muy alegres. El mundo sin Dios se alegra cuando ve a un hijo de Dios al parecer derrotado. La condición lastimada, incapacitada, indefensa de Sansón, produjo alegría en los enemigos del héroe hebreo.

Los filisteos le atribuían a su dios Dagón la derrota de Sansón, cuando en realidad fue *"que Jehová ya se había apartado de él"* (16:20). Hoy día muchos que están en religiones falsas y sirviendo a dioses falsos, parecen ser más fieles en sus prácticas que muchos cristianos nacidos de nuevo, que tienen el Espíritu Santo y que reclaman que Jesús es su Salvador, su Sanador y su Señor.

El teólogo alemán, Dietrich Bonhoeffer, fallecido a manos de la Gestapo ya cerca de la victoria de los aliados en la Segunda Guerra Mundial, empleaba la expresión *"gracia barata"* al referirse a esa clase de creyentes que son salvos pero no pagan el precio del verdadero discipulado. Las obras no salvan, pero los salvos hacen obras (Ef. 2:8-9).

Ellos decían: *"Nuestro dios entregó en nuestras manos a nuestro enemigo, y al destruidos de nuestra tierra, el cual había dado muerte a muchos de nosotros"* (16:24, cp. 16:23). A Sansón lo llamaban *"El destructor"*. El enemigo conocía que la misión de Sansón era destruirlos a ellos. Para eso nació y para eso vivió.

En Jueces 13:5 el ángel de Jehová declaró la asignación dada al no nacido Sansón: *"...y él comenzará a salvar a Israel de mano de los filisteos"*. Sansón inauguró la campaña de liberación contra la opresión filistea, la cual fue posteriormente terminada por el rey David. Aunque tomó siglos, se logró.

II. El juego

"Y aconteció que cuando sintieron alegría en su corazón, dijeron: Llamad a Sansón, para que nos divierta. Y llamaron a Sansón de la cárcel, y sirvió de juguete delante de ellos; y lo pusieron entre las columnas" (16:25).

El juego con Sansón

En la Nueva Biblia Española dice: *"...Saquen a Sansón, que nos divierta. Sacaron a Sansón de la cárcel, y bailaba en su presencia. Luego lo plantaron entre las columnas"*.

Primero, *"para que nos divierta"*. El diablo y el mundo lo que desean es divertirse con los que le han fallado a Dios, los que se han descarriado, los que han perdido el poder del Espíritu Santo en sus vidas. Antes Sansón los intimidaba, les metía miedo, los confrontaba, les hacía la guerra, ahora ellos se divierten a sus anchas con él. Antes él controlaba, ahora lo controlan a él.

Lo peor que le puede ocurrir a un creyente que se ha descarriado por haberse divertido con el mundo, es un día ver que el mundo se divierte con él.

Segundo, *"y sirvió de juguete delante de ellos"*. De instrumento de Dios se rebajó a *"juguete"* de los filisteos. Sin el poder del Espíritu Santo, los ungidos llegaremos a ser la diversión de los incircuncisos. De armas de guerra espirituales nos transformaremos en juguetes del enemigo. Dios usaba a Sansón, los filisteos jugaban con él. Esa expresión bajo consideración dice así en la Nueva Biblia Española: *"y bailaban en su presencia"*. ¿Cuántas maldades no le hicieron para verlo bailar? Los bufones filisteos o los enanos incircuncisos provocaban a Sansón para que bailara.

El pecado hace de sus practicantes juguetes del mismo. Al borracho lo transforma en un juguete en su borrachera. Al adicto a drogas lo transforma en un juguete cuando necesita la droga y en un juguete cuando está bajo los efectos de este. Al adultero lo trasforma en un juguete de su amante. Al maniático sexual lo transforma en uno que juega con fetiches. ¡El pecador termina siendo un juguete de su pecado!

Tercero, *"y lo pusieron entre las columnas"*. Ese era el lugar céntrico, el lugar de la atención. Allí era visto por todos. El enemigo pondrá siempre en lugares visibles la degradación de uno. Sansón fue un general de Dios, pero allí el mundo veía a un soldado raso despedido sin honores, a un degradado de Dios, a un desertor de un gran ejército.

Son muchos los hombres y mujeres de Dios que hoy día están puestos *"entre las columnas"*. Ocupan lugares no para ser admirados, sino para ser despreciados, vituperados, criticados. ¡El pecado paga mal! Romanos 6:23 dice: *"Porque la paga del pecado es muerte, mas la dádiva de Dios es vida eterna en Cristo Jesús Señor nuestro"*. Tarde o temprano las consecuencias de nuestro pecado nos alcanzarán. El pecador no está inmune al efecto de su pecado. El pecado da una línea de crédito, pero cobra altos intereses.

Conclusión

(1) Aunque olvidemos la misión para la cual Dios nos ha destinado, el enemigo de nuestra fe siempre la recordará. (2) Si dejamos de ser armas de guerra espirituales para Dios, podríamos convertirnos en juguete de entretenimiento para el enemigo.

EL LAZARILLO DE SANSÓN

16

"Entonces Sansón dijo al joven que le guiaba de la mano: Acércame, y hazme palpar las columnas sobre las que descansa la casa, para que me apoye sobre ellas" (Jue. 16:26).

Introducción

Sansón aparece en Jueces 16:26 como un ciego guiado por la mano de un lazarillo. En esta etapa necesitó ayuda y no la rehusó. Sansón en vez de ver las columnas y su posición cerca de ellas como algo contra él, reconoció que estas podían ser algo a favor de él. Sobre esas columnas descansaba el piso superior y el techo del templo del dios Dagón.

Desde ese nivel alto, *"como tres mil hombres y mujeres, que estaban mirando el escarnio de Sansón"* (16:27). El templo estaba lleno.

I. La petición

"Sansón dijo al joven que le guiaba de la mano..." (16:26).

¿Quién era este joven? Posiblemente este lazarillo anónimo sería un joven hebreo esclavo. Y si era un joven filisteo, Dios verdaderamente obró sobre su corazón. No sabemos su nombre, pero si conocemos la disposición que tuvo para ayudar a un hombre de Dios, que aunque cometió errores de los cuales tuvo que pagar serias consecuencias, era uno que aprendió a amar a Dios.

En esta etapa el *Sansón el solitario*, que se valía por sí mismo, el muy autosuficiente, el independiente en sus acciones y proyectos,

es una persona dependiente. Dejó de ser "el solitario" y se transformó en "el acompañado".
Ahora se vale de un joven que lo guía, de uno que le tomó de la mano. Cuando ya no podamos y no sepamos, pidámosle a alguien que nos tome de la mano y nos guíe.
No basta con ser tomado de la mano, debemos dejarnos guiar. Eso significa que aunque la persona sea joven, sin mucha experiencia, si Dios la pone en nuestro camino es con un propósito. Por algo Dios tiene a ese joven cerca de nosotros.
Oremos a Dios por un lazarillo que nos ayude, que busque ser bendecido a nuestro lado, que podamos confiar en él a ojo cerrado. Que nos pueda guiar cuando lo necesitemos más en nuestra vida.
Tarde o temprano todos necesitaremos de un lazarillo en nuestra vida. Llegarán esos momentos de humana soledad, de angustia sentimental, de abandono humano, de ahogo emocional, cuando la presencia de un lazarillo será una respuesta de Dios para nosotros.
El Señor Jesucristo le dijo a Pedro: *"De cierto de cierto te digo: Cuando eras más joven, te ceñías, e ibas a donde querías; mas cuando ya seas viejo, extenderás tus manos y te ceñirá otro, y te llevarás a donde no quieras"* (Jn. 21:18).
La explicación del versículo anterior la da la misma Biblia: *"Esto dijo, dando a entender con qué muerte había de glorificar a Dios. Y dicho esto, añadió: Sígueme"* (Jn. 21:19). Con este: *"Sígueme"*, Pedro era confirmado en su llamado, su ministerio, su apostolado y su destino.

II. El tacto

"Acércame, y hazme palpar las columnas sobre las que descansa la casa, para que me apoye sobre ellas" (16:26).

Quizá lo dicho anteriormente, *"y lo pusieron sobre las columnas"* (16:25), no se refiere a las mismas columnas principales a las cuales aquí se hace referencia.
Su condición humillante no le quitó al *"martillo hebreo"* la capacidad de pensar. Era un incapacitado, un ciego, alguien que no se podía valer por si mismo, pero seguía siendo inteligente, pensaba con tino y certeza.
Me gusta esa palabra *"acércame"*. Aquel jovencito tiene la asignación de acercar a Sansón el ciego al lugar donde tendría

El lazarillo de Sansón 87

un encuentro con su destino. Nosotros también podemos ser guías para acercar a otros a la voluntad de Dios, acercar a muchos al lugar del propósito divino, acercarlos allí donde necesitan ayuda.

Acerquemos a los hijos a la iglesia. Acerquemos a la familia inconversa para que conozca al Señor Jesucristo. Acerquemos a los amigos a una vida de fe y de comunión con Dios. Acerquemos a otros creyentes al camino de la santidad y al aposento de la comunión.

Veamos esta expresión: *"y hazme palpar las columnas"*. Sansón sabía que si llegaba a aquellas columnas, el enemigo sería derrotado. Él las quería palpar, las quería sentir, las quería tocar. Antes de intentar hacer algo quería estar seguro de que estaba en el lugar apropiado.

Dios le doy a Sansón un conocimiento de ingeniería: *"hazme palpar las columnas sobre las que descansa la casa"*. Ya antes él había visto este templo, sabía que sobre dos columnas principales descansaba el corazón de aquel templo. No se sabe de qué material eran aquellas columnas, pero es posible que fueran de madera, aunque en las películas se presentan de piedras o material sólido.

Leemos: *"para que me apoye sobre ellas"*. Usted y yo necesitamos apoyarnos sobre algunas *"columnas"* levantadas por el Señor en la Iglesia de Jesucristo. Hay ministerios *"columnas"* sobre las cuales nos podemos apoyar, nos podemos aguantar de ellos.

En Gálatas 2:9 leemos: *"...la gracia que me había sido dada, Jacobo, Cefas y Juan, que eran considerados como columnas, nos dieron a mí y a Bernabé la diestra en señal de compañerismo, para que nosotros fuésemos a los gentiles, y ellos a la circuncisión"*.

En Apocalipsis 3:12 leemos: *"Al que venciere, yo lo haré columna en el templo de mi Dios, y nunca más saldrá de allí; y escribiré sobre él el nombre de mi Dios, y el nombre de la ciudad de mi Dios, la nueva Jerusalén, la cual desciende del cielo, de mi Dios, y mi nombre nuevo"*.

Según Jueces 16:27 el templo a Dagón tenia un balcón con tres mil personas, *"que estaban mirando el escarnio de Sansón"*, los príncipes de las ciudades filisteas de Gaza, Asdod, Ecrón, Gat, Ascalón (1 S. 6:17) estaban allí. En el piso bajo es posible que hubiera algunos miles más.

El ambiente estaba preparado para la última actuación del héroe de Israel. Sus enemigos se burlaban de él, poco se imaginaban que el Dios del cielo le tenía línea abierta de comunicación a Sansón, que este ya estaba restaurado y que con una simple oración ofrendaría su vida como un mártir ganando la más grande de todas sus batallas.

El "juguete" con el cual los filisteos se entretenían, pronto se convertiría en un arma de guerra espiritual de Dios. "El último que ríe, ríe mejor", declara el proverbio. A Dios le tocó la última carcajada.

Conclusión

(1) Nunca debemos subestimar la ayuda que nos pueda dar alguien, joven o adulto, hombre o mujer, que el Señor Jesucristo pueda acercar a nuestra vida. (2) Acercarnos a algo y tocar algo puede ser la clave para una gran victoria en nuestra vida.

LA ORACIÓN DE SANSÓN

"Entonces clamó Sansón a Jehová, y dijo: Señor Jehová, acuérdate ahora de mí, y fortaléceme, te ruego, solamente esta vez, oh Dios, para que de una vez tome venganza de los filisteos por mis dos ojos" (Jue. 16:28).

Introducción

Jueces 16:28-31 nos presenta a Sansón orando a Jehová (16:28), actuando con una fe sobrenatural (16:29), ofreciendo su vida heroicamente para acabar con los filisteos allí presentes (16:30) y finalmente vemos su cadáver recogido por sus hermanos para sepultarlo junto a su padre Manoa *"entre Zora y Estaol"* (16:31), en el mismo lugar donde comenzó su ministerio de poder (13:25).

I. La oración

"Entonces clamó Sansón a Jehová, y dijo: Señor Jehová, acuérdate ahora de mí, y fortaléceme, te ruego, solamente esta vez, oh Dios, para que de una vez tome venganza de los filisteos por mis dos ojos" (16:28).

Aquí vemos a Sansón orando. Su caída y las pruebas le habían enseñado que la oración era importante en su vida. Sansón se había vaciado de sí mismo y se había llenado más de Dios. En esta etapa de su vida había aprendido que lo que se habla con Dios determina lo que Dios hace con uno.

Su autosuficiencia humana, que Dios por su misericordia le respaldó con su poder, se le esfumó. Ahora es un hombre que aprendió a depender totalmente de Dios. Por eso leemos: *"Entonces clamó Sansón a Jehová"*.

Sansón el solitario

Primero, *"Señor Jehová acuérdate ahora de mí"*. El ladrón arrepentido en el Calvario, crucificado cerca del Señor Jesucristo, le oró diciendo: *"Acuérdate de mí cuando vengas en tu reino"* (Lc. 23:42). Sansón por haber jugado con el don de Dios en su vida, hecho prisionero de los filisteos, sintiéndose maltratado por ellos, se sintió olvidado por Dios. En su oración le llamó *"Señor Jehová"*, haciendo teología con nombre y título, reconociendo la grandeza y el poder de Dios.

Segundo, prestemos atención a esa expresión: *"acuérdate ahora de mí"*. Allí, donde se burlaban de él y lo obligaban a bailar con la casa llena de filisteos, con miles de espectadores, quería que Dios estuviera con él. En esos momentos difíciles de la vida pidámosle a Dios que se acuerde de nosotros, que nos ayude cuando estemos indefensos, que nos defienda cuando se ríen burlonamente de nosotros.

Tercero, *"y fortaléceme"*. Le pidió a Dios fuerza, poder, unción del Espíritu Santo. Quería volver a ser lo que había sido antes. Reconoció que él no era la fuente de poder, Dios era su fuente de poder. La fuente de su fuerza no era suya, esta venía del cielo, de arriba, de Dios.

Cuarto, *"te ruego, solamente esta vez"*. Solo quería ser usado por Dios una vez más. Deja que Dios te use todas las veces que Él quiera. Hazte disponible para ser su instrumento siempre, cada día, todos los meses, todos los años. ¡Úsame Señor! Esa debe ser nuestra oración. Si Sansón le hubiera pedido a Dios más de una vez, este se lo hubiera concedido, pero limitó su propósito a solo una vez. Su oración le puso límites a Dios. Ora sin límites, pídele a Dios más de lo que puedas necesitar.

Quinto, *"oh Dios, para que de una vez tome venganza de los filisteos por mis dos ojos"*. Es una oración típica del judío en el Antiguo Testamento. Oro por venganza. La gracia nos enseña a orar sin venganza en nuestro corazón. Lo más que Sansón sintió en su vida fue que los filisteos lo dejaron ciego. Como humano le quería cobrar esa, pero Dios muchas veces utiliza aun nuestra imprudencia, nuestra insensatez, nuestra falta de cordura, y si algo hemos dicho u orado al revés, Él lo puede escuchar al derecho. No es tanto lo que dijo Sansón, sino lo que el Dios de Sansón haría por él.

II. La acción

"Asió luego Sansón las dos columnas de en medio, sobre las que descansaba la casa, y echó todo su peso sobre ellas, su mano derecha sobre una y su mano izquierda sobre la otra" (16:29).

La oración de Sansón

Bien dijo el escritor Santiago: *"Así también la fe, si no tiene obras, es muerta en sí misma"* (Stg. 2:17). Sansón le puso pies y manos a la fe, oro y actuó, leemos:*"Asió luego Sansón las dos columnas de en medio, sobre las que descansaba la casa"*. Tal parece que *el martillo hebreo* se abrazó de las dos columnas que estaban en el centro de la casa o templo.

En la vida cristiana son muchas las cosas que tenemos que aguantar. Las pruebas son como aquellas columnas, que en ocasiones las tenemos que abrazar, pero más podremos nosotros con la ayuda de Dios que ellas contra nosotros.

Busquemos el centro del problema, *"de en medio"*. En aquel centro, donde estaban aquellas columnas la construcción se mantenía o se destruía. Sansón sabía que allí estaba su victoria.

Leemos: *"y echó todo su peso sobre ellas, su mano derecha sobre una y su mano izquierda sobre la otra"*. Con una columna abrazada con su mano izquierda y la otra abrazada con su mano derecha, Sansón dejó caer su peso.

Aquel arquitecto que determinó la distancia de aquellas columnas nunca se imaginó que la distancia que dibujó en aquellos planos era la distancia exacta de la extensión de los brazos de Sansón. Fueron construidas para él. Muchas cosas se han construido para nosotros, los hijos de Dios y servidores de Jesucristo.

En 1 Pedro 5:7 leemos: *"echando toda vuestra ansiedad sobre él, porque él tiene cuidado de vosotros"*. Echemos el peso de la ansiedad y los problemas sobre el Señor Jesucristo. Él cuidará de nosotros. Muchos llevan cargas innecesarias que deben soltar en las manos del Señor. Esa mochila de pruebas, de fracasos, de luchas, de sufrimientos, de intranquilidades, debe ser soltada a los pies del Calvario. ¡Suelte ya lo que le está pesando!

Aprendamos a descargar en Dios todas nuestras preocupaciones, nuestros temores de enfrentar lo desconocido, de aceptar los fracasos, de enfrentar las adversidades.

Así como Sansón apoyó y extendió sus manos sobre las columnas del templo filisteo, Jesús de Nazaret extendió sus brazos clavados sobre el travesaño del Calvario para echar abajo el imperio de la muerte y de los reinos de este mundo.

III. El clamor

"Y dijo Sansón: Muera yo con los filisteos. Entonces se inclinó con toda su fuerza, y cayó la casa sobre los principales, y sobre todo el pueblo que estaba en ella. Y los que mató al morir fueron muchos más que los que había matado durante su vida" (16:30).

Escuchemos el grito desgarrador del héroe de la fe: *"Muera yo con los filisteos"*. Deseó la muerte para derrotar a sus enemigos. Esto no fue suicidio, fue un acto heroico de un guerrero, de un hombre de fe, de un creyente que entendió finalmente cuál era su propósito y su destino. Tarde en su vida cumplió con la voluntad de Dios.

Dios escuchó el clamor de Sansón. Leemos: *"Entonces se inclinó con toda su fuerza, y cayó la casa sobre los principales, y sobre todo el pueblo que estaba en ella"*. Esto implica que esa *"fuerza"* que se manifestó en él, era la *"fuerza"* del Espíritu Santo.

Aquel templo se desplomó, su techo cedió, tres mil hombres y mujeres se precipitaron desde el segundo piso, otros que estaban en el primer piso fueron mortalmente alcanzados. Los cinco príncipes de la pentápolis filistea, murieron también. Si Sansón en su vida mató a muchos, en su muerte superó todos sus números. Leemos: *"Y los que mató al morir fueron muchos más que los que había matado durante su vida"*.

Sansón murió con las botas puestas, murió como todo un héroe, murió dándole el golpe más fuerte a sus enemigos. En su rostro tuvo que haber una sonrisa de satisfacción. ¡Terminó bien su ministerio, aunque muchas veces le falló a Dios! Concluyó como había comenzado: Lleno del Espíritu Santo. El *nazareo* de Dios se graduó con honores.

Leemos: *"Y descendieron sus hermanos y toda la casa de su padre, y le tomaron, y le llevaron, y le sepultaron entre Zora y Estaol, en el sepulcro de su padre Manoa. Y él juzgó a Israel veinte años"* (16:31).

El *solitario* tenía hermanos. Estos le dieron sepultura en la tierra que le vio nacer (13:2, 13:25, cp. 16:31), sus restos descansaron en el sepulcro de su padre Manoa. Se le enterró con dignidad.

Aunque Sansón fue un desobediente, fue un carnal, tomaba decisiones sin importarle las consecuencias, tenía una familia que lo quería y que sintió su muerte.

Lo último que leemos de Sansón en su vida de subidas y bajadas es: *"Y el juzgó a Israel veinte años"* (16:31). En Jueces 15:20 se nos dice: *"Y juzgó a Israel en los días de los filisteos veinte años"*. Con sus fragilidades y fortalezas logró juzgar por dos décadas a Israel. Pudo haber juzgado más tiempo si no hubiera cometido tantos errores. ¡Pero fue juez!

La oración de Sansón

Jesús de Nazaret también en el Calvario con su muerte echó abajo el techo de los principados y potestades. Todo le fue derrumbado al gobernador de este mundo.

Conclusión

(1) Orar debe ser un recurso que nunca se debe olvidar en la vida de un creyente y más cuando estamos en afrenta y pruebas. (2) Tenemos que aprender a echar todo nuestro peso y ansiedad sobre Jesucristo, quien puede sostener todo por nosotros. (3) Terminar en victoria es la mayor meta para cualquiera que haya sido llamado por Dios.

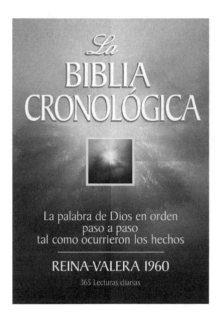

La Biblia cronológica
F. LaGard Smith

UNA BIBLIA COMO NINGUNA OTRA
La Palabra de Dios en orden, tal como ocurrieron los hechos.
Esta presentación única de la Palabra de Dios en orden de acontecimientos nos ayuda a ver y entender con más claridad el plan redentor desde la creación hasta el Apocalipsis. Mediante el orden de sucesos, el creyente apreciará el plan de Dios para su vida como nunca antes. La lectura de la Biblia será más informativa y vibrante. Al ver la perspectiva global y cada parte individual en su contexto adecuado, el lector se sentirá a veces complacido, a veces sorprendido, y siempre edificado.

En *La Biblia cronológica* encontrará:
La versión Reina-Valera 1960
...la versión más utilizada de las Escrituras, una traducción respetada y fácil de entender.
Un arreglo histórico de cada libro de la Biblia
...permite comprender el plan redentor de Dios desde la creación hasta el Apocalipsis en el orden de los acontecimientos.
Comentarios devocionales
...para guiar al lector de pasaje en pasaje y preparar la escena con datos históricos y nuevas percepciones espirituales.
365 secciones de fácil lectura
...para leer toda la Palabra de Dios en un año.
Un enfoque temático de Proverbios y Eclesiastés
...para conocer aspectos concretos de la sabiduría de Dios.

ISBN: 978-0-8254-1635-4 / Tapa dura
ISBN: 978-0-8254-1609-5 / Deluxe

Disponible pronto en su librería cristiana favorita o en www.portavoz.com
La editorial de su confianza

NUESTRA VISIÓN

Maximizar el efecto de recursos cristianos de calidad que transforman vidas.

NUESTRA MISIÓN

Desarrollar y distribuir productos de calidad —con integridad y excelencia—, desde una perspectiva bíblica y confiable, que animen a las personas a conocer y servir a Jesucristo.

NUESTROS VALORES

Nuestros valores se encuentran fundamentados en la Biblia, fuente de toda verdad para hoy y para siempre. Nosotros ponemos en práctica estas verdades bíblicas como fundamento para las decisiones, normas y productos de nuestra compañía.

Valoramos la excelencia y la calidad
Valoramos la integridad y la confianza
Valoramos el mérito y la dignidad de los individuos y las relaciones
Valoramos el servicio
Valoramos la administración de los recursos

Para más información acerca de nuestra editorial y los productos que publicamos visite nuestra página en la red: www.portavoz.com

La *Biblia de estudio Ryrie ampliada* es una herramienta única y amplia que satisface todas las necesidades del estudio de la Biblia. Incluye:

- 10.000 notas explicativas concisas
- Abundantes mapas, cuadros, cronologías y diagramas
- Extensas referencias cruzadas
- Bosquejos de los libros en un formato fácil de leer
- Introducción minuciosa a cada libro
- Introducción al Antiguo y Nuevo Testamento así como a los Evangelios
- Índice de temas ampliado
- Amplia concordancia
- Breve resumen de doctrinas bíblicas
- La inspiración de la Biblia
- Cómo comprender la Biblia
- Cómo nos llegó la Biblia
- Significado de la salvación y bendiciones que comporta
- La arqueología y la Biblia
- Panorama de la historia de la iglesia

"La Biblia es el libro más grandioso de todos; estudiarla es la más noble de todas las ocupaciones; entenderla, la más elevada de todas las metas".
—Dr. Charles C. Ryrie

ISBN: 978-0-8254-1816-7 / Tapa dura
ISBN: 978-0-8254-1817-4 / Imitación piel azul
ISBN: 978-0-8254-1818-1 / Imitación piel negro

Disponible pronto en su librería cristiana favorita o en www.portavoz.com
La editorial de su confianza